社群影響力百大排行榜、點擊破千萬保險部落格　林政華(大仁) —— 著

淺談
保險觀念

Everything You Need
To Know About Insurance

最敢說真話的保險專家，
告訴你條約背後的真相

| 目錄 |

PART 1
保險入門觀念篇

PART 2
從看懂保單開始

| 目錄 |

PART 5
長照險與新生兒怎麼保

PART 6
汽車、旅遊保平安

PART 7
保險之後的疑難雜症

序

保險是什麼？

　　二〇一二年時，我曾在人壽公司短暫待過一個月。報到那天，主管帶我進入經理的辦公室。經理是一位中年女性，看起來和藹可親。坐下來寒暄幾句以後，她問了一個問題：「你認為保險是什麼？」

　　我當下腦袋一片空白。想了許久，好不容易擠出這個回答：「保險就是繳很多錢，然後發生事情的時候可以獲得保障。」經理聽了莞爾一笑，不置可否。

　　對當時的我來說，只知道家裡繳了很多保費，如果真的生病或意外，應該可以理賠很多錢吧？

　　但買了什麼保險，不知道。

　　發生什麼事故可以理賠，不知道。

　　理賠的金額多少，不知道。

　　唯一知道的是，繳了很多錢，保險就應該要負責——跟大多數人的錯誤迷思一樣。

買錯保險，是不會理賠的

　　許多人認為只要「有保險」，遇到事故就可以理賠。但是有保險，不代

表你買到合適的保險。保險有範圍、有種類，每個險種可以應付的危機都不一樣。

舉個例子，有人買的是「意外險」，結果心臟病發要求理賠。對他們來說，心臟病發讓人很意外啊，怎麼不是意外呢？但對保險來說，那是疾病，不是意外。也有許多人以為自己買了醫療險就萬事 OK，結果住院需要高額自費的時候，才發現自己的醫療險是理賠住院日額跟手術，並沒有可以理賠醫療自費的實支實付。

有保險，並不代表保障足夠

談到保險時，許多人會說：「我有保險了，所以不需要了喔。」但這些認為自己「有保險」的人，是否真正瞭解自己的保險是保障什麼，而又缺少了什麼。

認為自己「有保險」，所以不需要關心保險，這是非常錯誤的觀念。有保險，並不代表保障足夠，因為「有保障」跟「有足夠的保障」是兩回事。舉個例子，有個家庭經濟支柱者，說自己有保壽險，所以不用擔心。結果等到某天不幸身故，家人發現他所說的壽險只有十萬元。請問十萬元能解決什麼問題？

如果你也只知道自己「有保險」，卻不清楚「保障內容是否足夠」，請趕快去瞭解自己的保單，不要犯了「以為有保險，就一定保障足夠」的錯誤。

高保費，不一定等於高保障

當初剛進保險業的我，認為家裡繳了很多保費，生病應該可以理賠很多錢吧？事實上，那時整個家庭的保費將近六十萬元，保障卻非常簡陋；經過調整後，現在繳交保費約十五萬左右，保障卻是當初六十萬的好幾倍。

「保費的高低」並不代表「保障的高低」。保障高或低，端視你買的保險內容是否合適而定。

寫這本書的目的，就是希望破除「繳很多錢＝很多保障」這個觀念，並且深刻地瞭解：自己繳交的保費，到底買了什麼保險，又擁有多少保障。更重要的是，保費必須在自己可以承擔的能力範圍。如果繳交保費的壓力已經超過負擔，這種保險也不合適。

直到現在，我仍經常自問：「保險是什麼？」

而我目前的答案是：「保險就是在自己能力可以承擔的範圍內，付出少許的保費，以轉嫁發生不幸事故時所需要面對的可怕風險。」

對你而言，保險是什麼呢？

本書相關保險資訊在出版前已經過多次審校，
若仍有錯誤和疏漏之處，懇請讀者批評指正。

前言
資訊不對等，就用知識來消弭

　　資訊不對等，是指交易的雙方對於彼此所擁有的資訊不同所造成的落差，這可能會影響到整個交易的信任感。我常舉最淺顯易懂的例子就是修車，當機車壞掉時，路邊隨機找到的機車行並不會列出價目表，你無法得知店家開出的價格是高還是低，只能夠單純地相信對方，這就是一種標準的「資訊不對等」。

保險公司和保戶之間的資訊不對等

　　保險也到處充滿著這種「不對等」。一般保戶不瞭解保險法規和合約，只能夠聽信業務員單方面的說法，但所言是真是假不得而知，因此也造成了許多業務招攬上的糾紛。

　　這就是「行銷人員」所造成的資訊不對等，為了業績而銷售，開出脫離一般行情的價格，或是給予非需求的商品。但不對等的情況不只是出現在保險公司對保戶，保戶對保險公司也有可能產生。例如已經有病在身的人，會拚命想買到保險，進而增加理賠率，當理賠率提高後，保費會相對提高，健康的人卻因為高昂的保費而放棄加入這個團體，造成惡性循環，這就是保戶對保險公司不對等所產生的「逆選擇」（投保前）。

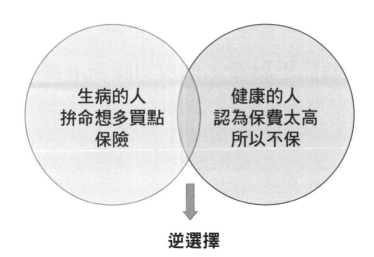

逆選擇

　　更進一步而言，保戶可能會做出更危險的行為，來加強可能獲得的保險金，例如故意行為、假車禍、裝病等，造成保險公司的負擔，使真正該得到保障的人無法得到，這就是標準的「道德風險」（投保後）。民國一〇三年修改醫療保險單示範條款，將日間住院列為除外就是一則例子，因為疑似太多不當給付保險金的案件，導致整體理賠率上升，主管機關不得不加以處理。

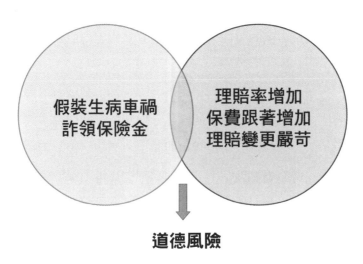

道德風險

而「逆選擇」跟「道德風險」也有解決之道，即是靠保險公司的「核保」來篩選危險的個體，藉由一道道程序（例如要保書的詢問事項、體檢等）來排除可能有狀況的被保險人。或是將「分類」變得更細，例如原先不分性別同一費率，改成男女費率分開計算，如汽車保險的「從人因素」就是一個標準的分類。保險公司也可以透過「自負額」、「除外責任」、「批註條款」等方式來控制危險。

保戶對保險公司的資訊不對稱，保險公司可以透過核保排除，但保險公司的銷售人員對於保戶所產生的資訊不對稱，保戶又是否有能力處理？這是臺灣目前保險業非常嚴重的問題，多年來也苦無解決之道。因此，不斷加重對於業務員的管理，例如業務員管理規則第 19 條的懲處等，都是在控制不當招攬所生的弊病。

保險業務員和公司之間也存在資訊落差

保險業是一個標準充滿「資訊不對稱」的交易，絕大多數的保戶永遠不曉得保險公司賣什麼保險，自己又買了什麼保險，往往只能等到理賠的時候才會知道保障內容是什麼。

很多剛考到保險證照的新進業務員，因為對於產品不夠瞭解，只能依照公司內部訓練課程的推薦，作為賣產品給保戶的依據，主管說什麼就聽什麼。想像一下，如果你是一個剛入行的業務員，在沒有底薪的情況下，每天醒來就得煩惱今天要去哪裡找客戶，晚上則是想著今天業績掛零而睡不著覺，日復一日。再加上臺灣保險滲透率高，在大家幾乎都有保單的狀況下，找到願意聆聽的新客戶更是困難。好不容易找到一位有意願的客戶時，你會

賣一張佣金五百元的保單，還是一張五千元的？

　　雖然無奈，但這就是臺灣目前保險環境的縮影。每年都增加一批新血，真心想瞭解保險的沒幾個，絕大部分都是為了業績獎金。而且他們找完身邊的親人朋友以後就離職，只留下一堆孤兒保單，產生了惡性循環。讓雙方「資訊能盡量對稱」，是我希望保險同業能夠做到的，例如以下三點：

　　1. 不斷地進修學習新知識。要想對抗保險公司的不平等條約，只有知識才是力量，知識就是拳頭。雖然很辛苦，對業績又沒有幫助，但能夠讓保戶真正擁有保障的，絕對只有紮紮實實的知識。

　　2. 不要以業績為主，要站在保戶的立場思考。絕對的將心比心或許不容易，但試著把保戶當成自己的家人，再來規劃，往往會發現思考上有很多不同的地方。

　　3. 真誠地對待，說實話。

　　願意且有能力做到以上三點的保險業務員，真的不多，所以還是必須靠消費者自己。身為一般保戶的本書讀者，不必研究到變成保險專家，但至少要建立正確的基本觀念，瞭解險種的保障內容，以及對於基本條款的認識，這樣就足夠了。

PART

1

保險入門觀念篇

01 | 為什麼不買保險的人是笨蛋？

「我又不一定用得到，幹嘛買保險。」「我身體很健康，不需要保險。」「呸呸呸烏鴉嘴，倒楣的人才要保險。」如果曾經有過上述的念頭，恭喜你得了保險拖延症。

看不見，不代表不存在。這些想法跟拖延症的共通點就是「只看現在，不看未來」。他們只重視看得到的現在，讓自己忽略可能會用到保險的未來。不是不需要保險，而是讓自己用拖延的方式，去逃避未來可能需要面對的不幸真相。他們不買癌症險，是因為不想去想像自己得到癌症的狀況（拖延 1）；他們不買壽險，是因為不敢去想像自己死了以後會怎樣（拖延 2）；他們不買醫療險，是因為不願意去想像自己躺在病床上的模樣（拖延 3）。

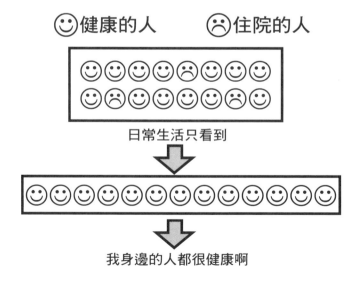

75%的人，遇到緊急事故時毫無思考能力

在生活中遇到的許多事情，人們都會視為「常態」，再將它拿來跟過去發生的情況做對照，然後對自己說事情沒那麼嚴重，藉此達到安心的效果。

你可以試著回想自己過去的人生經驗中，有沒有發生過讓你一時不知所措的經歷，讓你失去思考的能力，陷入不斷尋求旁人幫助的困境。

曾經有一個研究指出，75％的人在面臨災難或瀕臨死亡時無法理性思考，只有15％的人能夠保有理性行動，另外15％的人則陷入崩潰。這個研究還指出，那些逃過一劫、大難不死的人都有一個特點：他們懂得未雨綢繆，在事情尚未發生以前就會在腦袋中演練。我自己就是這樣，搭上公車的時候我會先看看逃生出口在哪裡，去電影院我會留意綠色的逃生燈號，坐電梯我會注意發生緊急狀況該按哪個按鈕、如何求救。

此外，我還會在腦袋中演練發生事故時該怎麼行動。萬一真的發生災難，我和沒有留意這些事情的人之間的差別就是我已經準備好了，而其他人根本沒有想過發生的可能性。

遇到車禍、地震、火災、海嘯、恐怖攻擊等事件時，人的腦袋會一下子接收大量的新資訊。然而因為過去這些事情，從來都沒有發生過，所以人往往在此時陷入呆滯。「這跟過去沒什麼兩樣。」然後你就會停止焦慮，這是人類保護自我的一個心理防衛機制。它會讓你相信那些可怕的事情不會發生在自己身上。

看到這裡有沒有覺得很熟悉？對，就是保險。

不會發生？錯！是還沒發生

用過去的經驗來預估未來不可預知的事情，是非常無知的，對於未知的

事情我們總是過於樂觀，但生活就像一輛胡亂衝撞的大卡車，你永遠不知道什麼時候會迎面撞上你。因此，別用「已知」的經驗，來判斷「未知」的嚴重性。一旦發生未知的事，你的所有應對能力會瞬間當機，因為那超出你的理解範圍，因為你根本沒有準備。

談到保險的時候，很多人覺得買保險浪費錢，認為自己不會那麼倒楣。在路上雖然常看到車禍，但駕駛的人不會是自己；在醫院看到許多住院的病人，但生病的人也不會是自己；在報紙看到現今每五分鐘就有一人罹患癌症，那個數據更加不會是自己。

千萬要小心你的大腦，它會告訴你事情沒那麼嚴重，好來讓你不要陷入慌張的情緒。但往往事情的發生總在我們意料之外，面對可能發生的未知災難多做一點準備，總是好的。

只要你有買保險，就是在做善事

人性本是自私的（沒有貶義），很多事情並不是全然為了別人，大多數人都是先求利己，才會利他，「我不想幫助別人，但希望需要的時候，別人能幫助我」。

或許有人會以志工為例，說明很多人做事是不求回報的。但志工做的那些事情帶來的成就感，就是他的回報。就連父母幫小孩買保險，也有出自於「希望以後小孩長大生病，別怪我沒幫他投保」的成分在裡頭。但在不瞭解保險的情況下，反而規劃了許多糟糕的保單。

勸人要規劃保險的人，通常都會說：「買保險以後，當你生病就能夠得到一筆保險金。」應該很少有人會說：「買保險以後，當別人生病的時候，就可以拿你的保費去賠給別人了。」因為大多數人會想：「如果這交易對我

沒有好處，那我何必要做呢？為什麼我沒事，還要幫別人分攤保費？」

　　而保險正是利用了人性的這份「利己之心」下去操作的。當你心想著利己的時候，其實也同時做到利人了。如果你健健康康，平平安安，那麼你所繳出去的保險費，確實都是拿出去賠給別人的。

　　所以有人說「保險制度是人類最偉大的發明之一」正是這個道理。利用每個人的自私，反過來去幫助需要的人。每個買保險的人，其實都做了一件善事，因為在不知不覺中，幫助了那些不幸的人。保險讓人性的利己之心，產生幫助他人的互助行為。這是很多人在買保險的時候沒有想到的。

　　下次繳保費覺得很吃虧的時候，不妨想想：我其實間接幫助了許多需要幫助的人。這麼一來，也許就會覺得手上這份保單，比想像中的還重要。

02 | 買保險之前，建立正確的觀念

保險思考，首重兩點：一、什麼是我最害怕的？二、做最壞的打算。

危險有各種可能發生的狀況，衡量風險時，我會建議先做最壞的打算，因為當最嚴重的狀況你都考慮進去了，真不幸遇到的時候也不會慌張失措。保險的其中一個功能，正是使被保險人免於心靈上的憂患，可以將其不確定的風險，轉變為確定的保障。

未來的風險是無法完全避免的，有人害怕衝擊，有人卻懂得如何面對這個不確定性，進而去控管風險、擁抱風險。這才是一個正確的保險觀念，也是我一直想告訴大家的。

認識保險最重要的時機，永遠都是在事故發生以前。以下便是買保險之前必須建立的的五個重要觀念：

第一：自己要先針對保險做點功課

現在資訊發達，在網路上可以搜尋到許多跟保險相關的訊息，但網路上的訊息參差不齊、有好有壞，我們要試著去分辨。最重要的是，要學著認識保險觀念：瞭解自己為什麼而買，什麼樣的狀況需要保險，反之什麼時候不用……這些都是需要一一去釐清的。當你瞭解保險在什麼時候能發揮效用時，才能夠知道自己買對還是買錯。

保險是人生的終身大事之一，一定得去思考可能面臨的風險。如果你連做功課都懶，若是被騙也怨不得別人了。

第二：多想、多問、多聽→再多想、多問、多聽

　　這個社會是有「規則」存在的，人必須活在規則之下。但是，所謂的「規則」都是聰明人所制訂的。這代表那些規則都是為了聰明人方便而訂出來的，相反地，就不利於那些懶得讀書、懶得思考的人。即使大家都遵循相同的規則，例如稅金、老人年金、健保制度等等，那些聰明人會巧妙地把規則弄得複雜難懂並加以運用。也就是說，不願意動腦筋、怕麻煩的人將會被他們欺騙一輩子，持續付出高昂的代價。聰明的人不會被騙，過著舒服的生活；笨蛋則是持續被騙，老是吃虧。這就是當今社會的現況。如果你們不想被騙，不想持續吃虧，就給我讀書吧！

　　以上這段話，出自我很喜歡的日劇《東大特訓班》。當你開始做功課以後，一定會發現：「保險怎麼那麼複雜？那麼多商品條款保障內容，怎麼可能搞得懂！」沒有關係，即使不是很明確，但你已經有一個模糊的觀念了。

　　再來要做的就是多想，思考哪裡不懂，哪些地方有點奇怪，這些問題都可以去問你的業務，或到網路上發文詢問（當然，也可以寫信問我）。但記住，你得到的答案不一定是正確的，因此要多聽幾個人的意見。

　　甲說定期險好，乙說終身險好，丙說兩個都好，丁說不要買保險最好⋯⋯當你問的人多，意見自然會多，這時要靜下來思考：為什麼要這樣說，它的優點是什麼，缺點是什麼？這個說法有沒有將好處放大，卻將壞處隱匿不說？

　　產生疑問時，再回到「多想」，想完再問，問完再聽，聽完再想，想完再問。持續這麼做，直到心中的疑問完全搞懂。原本模糊的觀念，透過一層一層抽絲剝繭，就會開始變得清晰。

第三：沒有完美的保險規劃，只有勉強可以接受的

當你已經對保險有一定的觀念時，就會瞭解自己想要的到底是什麼。但越瞭解保險，就會發現：風險那麼多，保費預算根本不可能足夠啊（真正預算足夠的人，可能也不需要買保險了）。這個時候就會陷入明知有風險存在，卻不知道該怎麼辦的局面。

現在多數人對於保險的觀念，就是事無分大小，什麼都想賠，例如擦傷要賠，腳扭到也想賠，這種思考方式，往往讓自己陷入更大的風險當中卻不自知。風險之所以是風險，就在於它的不確定。如果能夠 100％確認風險，那麼它也不是風險了。

先不要去管有沒有可能發生、機率高不高、低不低，只要去想這件事情若發生在自己身上，該怎麼面對就好。而事前的規劃準備，正是為了這個目的而生的。你可以選擇承受最壞的情況，因為危險的發生有三種不確定性：一、不確定會不會發生；二、不確定什麼時候發生；三、不確定發生的結果為何。

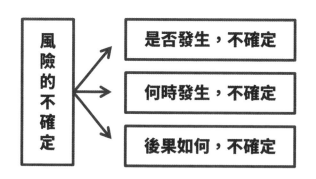

腳扭到跟雙腳終生癱瘓，哪個比較令人害怕？住院一個星期跟癌症花一百萬，你的銀行存款付得出哪項？骨折跟變成植物人，哪個會讓一個家庭無法運作？從可能發生的結果去規劃保險，而非從機率去衡量風險。依照可能

造成的影響程度作為規劃的決策，先不要設想發生機率的高低。

保險的思考

我們應該要問自己的是：

> **對我而言，最壞的情況是什麼？**

> 一次住院，可能五天就出院了：但也可能住到五百天
> 一次殘廢，可能只斷兩隻手指：但也可能雙手截肢
> 一次車禍，可能把人撞到擦傷，但也可能撞死一個人

　　只要去想可能造成的傷害有多大，自然就會有一個衡量過後的答案。如果已經將最壞的情況都預設好了，那麼接下來無論發生什麼事情，都會在你可以承受的範圍內。

　　保險要保的其實是「大的風險、無法承受的風險」，如果損害是我們自己能夠承擔的，例如感冒掛號費，為什麼要特地花錢去買呢？你不可能擁有完美的保險規劃，但至少可以清楚自己想要的是什麼，不要在發生事故的時候才後悔。

> 風險管理的三個基本觀念：
>
> 1. 不要去冒「承擔不起」的風險
>
> 2. 不要去冒「因小失大」的風險
>
> 3. 多思考「風險發生」的可能性

第四：買了保險，你還是沒有辦法避免風險的發生

保險只是在事故發生時，減輕你所受到的損害，保險金最多只能彌補支出的全額或是恢復到原狀。但人的身體可以恢復到完全健康嗎？人死掉了，保險金理賠下來，就可以死而復生嗎？

請記得，保險只是降低損害，無法避免風險，這個觀念一定要有。就算買了「第三人責任險」，騎車開車還是得小心；買了「意外險」，也得注意相關事故；買了「醫療險」，你還是得保重自己的身體。

保險是事故發生後的補償，注意安全、照顧身體則是事故發生前的預防，預防勝於治療。

第五：找一個會說真話、有能力的人規劃

年資，代表在這個行業待比較久；業績，代表這個人的行銷功力很厲害；年資＋業績，就會有頭銜出現。但是，年資、業績、頭銜都不代表專業。專業在保險業有分成三種：一、專於銷售（長年業績輝煌）；二、專於本業（可以為客戶解決問題）；三、銷售＋本業（非常稀有）。

專注於銷售的業務員：將自己的時間大部分都花在行銷或是拜訪客戶，大多沒有辦法抽出多餘的時間去充實專業知識。這種人並非不好，只是努力的方向不同而已。

專於保險知識的業務員：會將大部分的時間花在專業知識的研讀及實務的處理，相對地因為少於拜訪或行銷，業績通常比不上第一種人，後來都會轉變為替客戶爭取理賠作為主要方向。

兼顧銷售和保險知識的業務員：這種保險專家真的不多，因為當一個人專於

行銷時，就不會有時間專攻知識；專於知識時，相對地行銷就會弱掉。不過若是經過相當時間不斷努力地累積，仍可能會產生兩者兼備的強者。

　　在尚未累積夠多時間和經驗之前，我選擇當第二種人，當然不敢自稱專業或什麼案件都可以處理，但我每天都花時間鑽研保險知識，當知道的越多，變得越強，就越能夠維護客戶的權利。我也通過了保險經紀人的國家證照考試，能用專業知識保護客戶，不會在發生事情時讓客戶求助無門。

　　「自己敢吃，才給顧客」，這是令我印象深刻的一家餐廳文案，非常符合我的理念。我為每個客戶做的保險規劃，都是自己打從心底認同，也會想幫自己規劃的商品。我自己想保的，才會推薦給客戶。因此當業務將某個商品講得天花亂墜時，記得問他一句：「那你自己保了沒？」

03 | 如何找到合適的保險業務員？

「他已經來拜訪我很多次了，感覺很辛苦。」「每次過節都會送我禮物，沒跟他保一下好像有點不好意思。」「如果這次再拒絕他，下次見面會很尷尬。」對很多人而言，人情才是他們買保險的主要原因，對方可能是朋友、親戚、鄰居，因為熟識或是不好意思拒絕而簽下一份保單。這些人每年可能要繳三、四萬塊，卻寧願選擇直接相信對方，也不多花一點時間去瞭解保險是什麼。

不是因為有需要了才買保險

根據我的觀察，多數人不太喜歡問問題或研究資料，好好把事情搞清楚。他們所依賴的社會經驗法則是「信任」，信任政客、信任領袖、信任醫生，挑選銀行理專基本上是看跟這個人能不能相處，一旦跟理專建立起信任感，就會放心相信對方提供的投資建議，很少去思考理專講的有沒有道理。而信任感往往也是建立在膚淺的小事上，像是理專擅不擅長聆聽、笑容夠不夠多、眼神是否誠懇等等，把寶貴的諮詢時間花在閒聊上。

很多人寧可每天把時間用在滑臉書、去 KTV 唱歌、追劇等等，卻不願意空出一點時間來關心自己的保障，往往等到身邊的親人朋友、甚至是自己發生事故的時候，才會想關心保險，然而此時回頭處理已經來不及了。

選擇業務請把專業請擺第一

好的理專必須具備兩項特點：一、對推銷的金融商品有深刻的認識，讓我們能夠信任他的專業；二、跟客戶沒有利益衝突，讓我們能夠信任他的動機。

大部分的銀行理專可能都沒有想像中專業，如果因為笑容誠懇就立刻相信他，我們永遠都不會知道他的能力如何。搞清楚保險商品跟條款，是保險業務員應該要有的基本能力，但許多業務員卻連自家商品都搞不清楚，更別說別家保險公司的商品。他們不但對於條款法規的認知不及格，觀念上的錯誤更是多不勝數。因此在目前保險環境下，保戶要找到「對的人」，還真是不太容易。

有沒有利益衝突就比較難判斷了，很多人以為銀行理專或保險業務會依據客戶的財務狀況，提出最合適的推薦商品。但事實上，行員和業務每個禮拜都有不同的業績壓力，必須賣出夠多上級交代的特定金融商品，這些商品通常都是銀行或公司可以獲取最高利潤的，他們也因商品賣得好而拿到相應的獎金。所以，在這個領域利益衝突是無法避免的。這是金融體系的特質，客戶一定要瞭解。因此，一定要自己花時間研究，建立基本的金融風險判斷能力，才不會每次都被當成肥羊。

假設有 A、B 兩種商品，A 商品對客戶比較有利，不過業務員只能賺一千元；反之 B 商品比較不適合，但業務員能夠賺一萬元。賣十件 A 商品才能比上一件 B 商品的利益時，業務員會建議客戶 A 還是 B？

我看過許多同行會建議 B 商品。相信多數保險業務員都是有良心道德的，但如果遇上業績壓力，良心能值多少錢？不過，在此也要幫他們說一下話，他們可能並不只為了賺錢而昧著良心，而是在公司的洗腦文化下，發自

內心地認為 B 商品對客戶有利。

身為保戶也要有正確觀念

即使是站在保戶這一邊的保險經紀人，大多也是向保險公司收取佣金。在這種情況下，要找到一個良知大於利益的人不是那麼容易。但自己做好功課，瞭解你真正需要的是什麼，倒不是那麼困難！

身為保戶，你不一定要每天花幾個小時研究，但至少要讓自己擁有正確的保險觀念。只要觀念正確，你就能辨識保單是否有異常。若要再進一步找到完全符合需求的規劃，那就得像我一樣，再花更多時間去瞭解商品、研究條款了。

只要每天花一個小時看這本書或是我的網站「淺談保險觀念」，大約一個月以後就能夠知道市面上的保險商品，簡單地瞭解保單基本條款，並且避開多數的錯誤規劃。沒錯，就這麼簡單。

最後，附上一篇我收到的私訊，這是來向我尋求幫助的保戶，對我吐露他被業務員誤導的心聲：「想小小抱怨一下，我不太瞭解保險業的生態，但自從跟某公司業務員說不再續繳時，他一直叫我不要停繳。雖然我能理解他們也要賺錢的心態，但不是更應該為保戶著想才對嗎？而不是叫保戶投保非必要性的商品，這實在讓我無法理解。當然，保戶也相對有責任，在投保前如果能多聽多看多問多瞭解內容，往後也不會因為停繳而帶來困擾了，我似乎就是其中之一啊（囧）。如果業務員都能像您一樣，有著實質為客戶著想的心態，那該有多好。起立為你鼓掌，林大加油。」

04 ｜不用成為保險專家，也能規劃出好保單的祕訣

　　每個領域都有各自的專家。但要成為專家並不難，你也可以成為某種專家！例如你喜歡看電影，久了就會看出心得，不斷地去研究電影相關的知識，日積月累下你就成了電影專家，對電影資訊都能輕鬆地侃侃而談。

　　專家之所以是專家，在於他們對某個領域投入比一般人更多的時間。當你在玩樂的時候他可能在練習技巧，當你在睡夢中的時候他或許正在鑽研更多知識。其實專家沒什麼了不起的，就是在某個領域花的時間比你多而已。

為什麼我們要花錢請專家

　　雖然很多事我們可以自己做，但有些錢是不能省的，這是我的親身經歷。國中時為了省下一百五十元的理髮費，我拿著剪刀開始東剪西剪，隔天走進學校，發現同學的目光都在我身上，原來我的後腦勺頭髮缺了一塊，像是被狗啃到似的。最後還是回到理髮店，花了那本來省下的一百五。

　　所以，為什麼我們要花錢請專家，因為專家可以解決你的問題。當你花了許多時間跟精神拚命研究，做出來的成果卻無法讓自己滿意的時候，就要承認「自己沒有比對方的厲害」這個事實。

　　所謂的專家，他們精通某一領域，並以此維生。專家提供值回票價的技術與服務，這是外行人怎麼學也學不來的。一開始就把工作交給專家，不僅保證成果完美，而且以投入和產出的比重來說，讓專家來做其實最划算。

　　請專家要花很多錢，但他會幫你省下更多錢。如果衡量自己所需要付出

的時間與精神，其實你是賺的！因為你沒有那麼多時間可以去研究生活中的每一樣事情。

保險也有專家。不過，由於保險的種類太廣，很少有真正精通所有保險的「保險專家」，多數從事保險的人都有某種特別精通的項目。例如某個業務員對於醫療險的認識不多，但對車險非常在行，不論是車禍的處理或後續的調解都難不倒他，讓客戶在發生事情時不過於慌亂。

規劃保險，第一要找觀念正確的人

很多人買保險都是因為人情，例如他是我爸的朋友、她是我的阿姨，所以不好拒絕。並非向親近的人投保就不好，最重要的是對方是否能夠幫你規劃合適的保單，等事故發生才發現買錯就來不及了。

觀念錯，規劃的內容自然就會偏差。保險規劃其實就跟修車、修電腦一樣，必須多花點時間，讓雙手沾上黑油瞭解機車零件、拆開機殼學著組裝電腦、研讀保險相關書籍。哪個零件跑起來比較順，哪個商品 CP 值佳，哪份保險規劃最合適，是很大的學問。想要規劃合適的保險有兩個管道：

1. **自己研究**：這是最能瞭解保險，卻也是最容易誤解保險的方式。因為保險規劃說複雜也還好，但也不是那麼容易，當你花了大量的時間最後得到一個錯誤的結論，不如一開始就找個能夠解決問題的人。
2. **找對的人**：找到觀念正確的人，規劃出來的保單必定是合適的！

「自己研究」的意思並非要你去鑽研每項保險商品、研究每個條款、搞懂保險法條，你真正該花時間投入去瞭解的事情只有一件，那就是讓自己擁

有「正確的保險觀念」（例如，好好地把這本書看完）。當觀念釐清了，就能夠知道規劃的內容是不是自己需要的。

當你瞭解保險的意義時，自然就能夠分辨哪些人說的是對的，哪些人是錯的。這也是我為什麼總是分享多種不同的保險觀念，因為透過觀念的瞭解，就能有效地幫助你找到那個對的「保險專家」。

更幸運的是，請這個專家很多時候還不用付錢呢！台灣的保險業務員多到在捷運上隨便呼喊也能碰到幾個，因此找人規劃大多是不用付錢的。多找幾個規劃看看，比較之後，總會有合意又相對專業的保險經紀人或業務員出現。

不要因為「人情」買保險

另外想說一點，我常收到許多私訊，問題都是同一個：「礙於人情的關係，不得不跟對方買保險，我該怎麼辦？」其實，這根本不算是問題，因為只要不理他就好啦！你會感到為難就代表內心是不想接受的，一個人不想接受什麼事情而推託時，對方一定感受得到，而正直的人明白對方的為難，就會識相離開。繼續死纏爛打的人，代表他把自己的利益放在你的利益之前，面對這種不管你死活的人何必心軟呢？

有人會說：「可是我沒辦法拒絕啊！」不可能做到的事，才叫做「沒辦法」，例如要你在姚明頭上灌籃。沒有誰一定得跟誰買保險，只要你說不，沒人能押著你簽要保書。所以，主控權一直都在你手上！受人情脅迫買保險，買了保險後保障不夠，對方會自掏腰包幫你嗎？面對一個既不把你的利益擺在第一位，又不關心你的感受來為難你的人，別跟他客氣，拒絕就對了。

05 ｜一定要知道的「瞻前顧後」保險規劃心法

　　這是我自創的規劃方式，通常會從「發病到死亡」這中間可能發生的風險，逐一跟客戶解釋說明。本篇將以癌症死亡做為範例，流程是：發病→住院 →失能 →死亡。

　　這種從發病到死亡的聯想模式，可以讓人思考風險發生的過程。從小病、大病到身故這中間會有什麼樣的花費，可能需要什麼樣的保險。不論對於保戶自行規劃或是業務員在說明上都非常方便。不論你對保險一竅不通或是有所研究，相信都能有所收獲。

1. **發病**：剛罹患癌症的時候可能需要一筆錢專心治療。這個時候「重大疾病險」或「重大傷病險」這種一次性給付的保險就會派上用場。

2. **住院**：之後會面臨住院的情況，可能要有長期住院還有醫療花費的心理準備。這個時候就是讓「日額手術險」、「實支實付險」、「住院癌症險」派上用場。

3. **失能**：當癌症到後期的時候，有可能導致身體的機能障害。這個時候就是由「失能扶助保險」來做風險轉移。在此特別強調，「失能險」與「長照險」是兩個完全不同的保險，條款大不相同。此篇僅為說明失能的狀況，詳細保障內容請依照條款為主，切勿混為一談。

4. **死亡**：家庭永遠失去一位成員，將面臨家庭經濟後續的缺口，以及身後事花費或負債等問題。這個時候「壽險」就成為生命中的最後一份保險。

06 | 社會新鮮人怎麼買保險？

二十到三十歲的年輕人剛踏入社會，開始想為以後做準備，適合買什麼保險呢？我建議年輕人的規劃方式是：先投保基本的保險，然後去銀行辦理定存，有辦法存到一筆錢之後再考慮其他選項。

年輕人的風險承受度低，很容易遇到需要花錢的狀況，看電影、買衣服、逛街、吃飯、換 iPhone、機車壞了、買汽車、保養汽車、電腦壞、電話費、網路費、出國要錢、不出國也要錢，人的一生有太多太多臨時需要急用錢的狀況，當你的經濟基礎還不穩定的時候，不要輕易地將資金的流動性鎖住，萬一臨時需要急用，反而會把自己的生活逼入困境。

推薦給年輕人的五大類險種

想存錢的真正關鍵在於，不要讓辛苦存到的錢，被無法預料的風險吃掉。買保險有很重要的三個觀念：

1. 不要去冒自己承擔不起的風險。
2. 不要去冒因小失大的風險。
3. 多考慮風險發生的可能性。

對此，年輕人推薦規劃的險種有五大類，分別是：一、壽險；二、意外險、失能扶助險；三、醫療險；四、重大疾病險、癌症險；五、機車汽

車保險。

1. 壽險（身故後給家人的保障）：父母好不容易將一個孩子養育成人，正當孩子剛準備要減輕父母的負擔、開始扛起家庭責任時就發生事故了，那麼接下來年邁的父母或家人怎麼辦？

2. 意外險：理由同上，但年輕人意外發生機率高，意外險額度要足夠，才能降低意外失能所造成的損害。不過需要注意，職業若更換，得書面通知保險公司，以免發生理賠打折的狀況。

3. 醫療險：依照目前的健保制度，自費越來越多，可以考慮用實支實付作為規劃。額度設定以彌補薪資的損失以及住院的醫療費用為準。

4. 重大疾病險、癌症險：（機率小／損害大）＝適合保險。雖然這個年紀發生重大疾病的機率不像老年人那麼高，但基本的保障還是要有，因此「重大疾病險」與「癌症險」不可少。（＊關於癌症險和重大疾病險的比較，詳見 136 頁〈癌症，該選「重大疾病險」還是「癌症險」？〉。）

5. 機車、汽車保險：不論是騎機車或開車，機汽車的保險都相當重要。很多人好不容易花了一年存到十萬，可能因為一次車禍就賠光了。以機車的保費來說，大多數人都負擔得起。很多人都說：「我騎車很小心，不需要保。」其實車險繳十年了不起也才幾萬塊，但一次不小心的嚴重車禍，你覺得可能會賠多少呢？

　　保險的意義是，交付「確定」的保險費，轉移「不確定」的損失。年輕人買保險的重點在於，用保險轉移可能損失的風險，避免在累積到一定資產前，反而被風險吃掉好不容易存下來的資金。剛踏進社會的年輕人可以善用

銀行的零存整付，然後將該保的險種買一買。不會花掉你太多錢，卻能夠轉移因風險帶來的損失。在努力工作賺錢之餘，先想想怎麼用保險保護你的錢吧！

07 ｜保險就是保險，定存就是定存，不要搞混了

　　常有朋友向我詢問保險的問題，我發現很多人會把存錢和保險混為一談。以下是我跟好友的對話：

　　友人：政華，我需要你的專業知識。

　　我：怎麼了，跟保險相關的問題嗎？

　　友人：我正在想要買六年的 2000 元，還是二十年的 3000 元。

　　我：什麼東西，你在說保險還是定存？

　　友人：六年的，每個月 2000 元。另一個二十年的每個月 3000 元。。

　　我：定存目前最高是三年……你應該是被騙了。

　　（六年跟二十年？我心中浮現「不妙」兩個字。）

　　友人：六年的有包括一些保險、住院，我傳給你看好了。

　　（友人傳來了兩張保險建議書。）

　　我：那個就叫做保險啊，不是定存。

保險、投資和儲蓄的差別

　　因為這段對話，讓我決定寫下這篇文章。如果你觀念不夠清楚，還是建議將這三種分開來會比較好，性質不同，是無法相提並論的。至於很多業務員會將儲蓄險說成是定存這種話術，我也只能夠搖頭嘆氣。

　　關於定存，首先銀行會有以下三種選擇，分別是：零存整付、整存整付、

存本取息。

零存整付：每個月約定存入一筆錢，等滿期再領回「本金＋利息」。可以用薪資帳戶的銀行或郵局約定為扣款帳戶，這樣每個月薪水一下來，就會自動將這筆錢存進去。對於累積第一筆資產來說，這是很有效率的工具。

整存整付：這個適合已經擁有一筆錢的人使用，一樣是滿期領回，但因為前期就將所有的錢投進去了，所以利息會比「零存整付」來得高，有點類似保單繳費中的躉繳方式。

存本取息：顧名思義，一次性存入一筆錢之後，每個月可以領回利息，期滿後再領回本金。（零存整付是領本金＋利息，兩者不要搞混了。）

選擇	零存整付	整存整付	存本取息
利息計算	複利	複利	單利
存款方式	可隨時存入	像保險的躉繳一次投入	像保險的躉繳一次投入
本息領取	滿期後拿回本金＋利息	滿期後拿回本金＋利息	每個月領利息到期領本金
一年存入 12 萬 1.5% 利率	滿期領回 120979	滿期領回 121812	滿期領回 121800

以上三種，都是可以有效地幫你累積到一筆資金的工具。而利率又分固定利率跟機動利率，有興趣的朋友可以自行到「銀行利率比較」網站查詢。

相關問題討論

Q：定期存款期間多久，最低額度多少？

最長可以達三年。每間銀行，每月存入最低額度有所不同，大多都是最低 1000 元（郵局更低）。

Q：定存有沒有辦法抵抗通膨？

沒有辦法。定存的利率目前偏低，臺灣通膨率要靠定存來抵抗通膨非常困難。定存是一種非常保守的理財工具，你若不懂其他的工具或正在摸索，或是沒有存到一筆緊急預備金之前（存款至少六個月生活費），定存會是你的好朋友。

Q：定存辦理解約（或領回）會虧到本金嗎？

不會。利息打折（目前大多都打八折），本金不會虧損。

希望讀者能多利用定存，累積到第一筆資金。目標因人而異，它不會讓你賺大錢，連通膨都沒辦法抵抗，但它可以讓你在累積第一筆資產這段時間，很安心地多去研究其他的工具。

不論是投資、股票、基金等，現金流一定要控制好，避免在臨時要動用到錢的時候一失足成千苦恨。

投資型保單是將「保險跟投資」結合

　　保險可以轉嫁生命中無法承受的風險，例如生病、意外、死亡、車禍等，透過保險金的支付，幫助我們度過這些無法預料的不幸事故。投資可以使資金達到更好的利用，可能得到更高的報酬，減輕金錢的壓力。從意義與功能來看，保險是「備而不用的消極準備」，投資則是「主動進取的積極計畫」。

　　投資型保單是將保費一部分拿去買保險的保障，一部分拿去放在投資帳戶。既然有保障投資的雙重功能，有保險又有投資，那不是很好嗎？然而，「投資」兩個字就代表「可能賺錢，也可能虧錢」。在理財界有一句名言：「不懂的東西，不要碰。」這句話可以套用在各種金融商品，當然包含保險，包含投資型保單。如果你對投資頗有研究，也想同時擁有保障，清楚明白自己買的東西是什麼、投資了什麼、保障有什麼，就可以考慮規劃投資型保單。

　　不懂的東西不要碰，如果什麼都不懂就買了投資型保單，哪天賺錢了也不知道怎麼賺的，虧錢也不曉得怎麼虧的。不明白自己在做什麼，這種做法不是投資，而是「投機」。如果你心中有「我適合買投資型保單嗎？」這個疑問，那麼有很高的機率會是不適合。

08 | 別等到生病了才想到保險

「我家人最近生病住院了，請問還可以保實支實付醫療險嗎？」由於經常聽到這類詢問，我認為有必要說明這個非常重要的基本觀念：保險是不幸發生前的準備，重點在於「發生前」就得規劃。等到疾病、事故發生，那就不是你選擇保險，而是保險選擇你了。

以下分享三個我遇過的實際案例，順便談談一些投保常見的錯誤觀念，讓你瞭解保險真的要「盡早規劃」。

案例 1：肺炎了，才想到要保險

林先生您好，不好意思想要請教您保險建議。大寶一〇五年十月十號出生，但尚未規劃相關保險。因為今年二月就讀幼幼班後，三月二十二日感冒住院五天，六月二十二日再度因為感冒併發肺炎住院（目前仍住院中），因為想規劃合適的保險內容，能否拜託您提供專業建議，感謝。

這個案例真的非常遺憾，早在這位小朋友出生之前就有詢問過我保險規劃，我也將合適的規劃回覆給對方，結果不了了之。再次收到來信的時候，小朋友已經肺炎住院中。

遺憾的點在於，這個小朋友其實有兩點時間點投保，是不會有問題的。第一個可以投保的時間點，就是出生的時候。小朋友出生時如果身體健康，就應該盡快投保了。如果當時有依照我的建議規劃，三月二十二日那次五天

的感冒住院，就可以透過保險去支付醫療花費了。

第二個可以投保的時間點，就是感冒住院的兩個月後。看到這邊你一定很疑惑，都感冒住院五天了，保險公司還會願意承保嗎？這裡就是重點！如果是三月二十二日住院五天後，也就是三月二十七日去投保，依照目前的實務核保經驗來說，因為太近期了，保險公司大多會先延期觀察，暫時不保。

但是，重點來了！我的忠實讀者應該知道，要保書針對住院的詢問事項主要是兩點：第一、五年內有無連續住院超過七天；第二、兩個月內有無住院。

沒有連續住院七天，經過兩個月後就有機會！（＊詳見 057 頁〈投保前有住院病史，該如何告知？〉）因為這個案例沒有符合「五年內，住院七天」的告知事項，所以只要沒有符合其他告知事項的情況下，經過兩個月的告知期間，到了五月二十七日的時候，就可以正常規劃保險了。

可惜這個小朋友在五月二十七日以後，依然沒有做任何保險的規劃。所以在六月二十二日發生肺炎住院，對保險公司來說，可能就會暫時列為不保的名單。急性肺炎的觀察期間通常要六個月，如果是比較嚴格的保險公司，可能得觀察一年以上才有機會承保醫療險。但是，重點又來了！雖然醫療險可能暫時沒有機會，但因為意外險沒有問到「肺炎」跟「住院七日」，還是可以先保「意外險」喔！

案例 2：疑似癌症，想保醫療險

客戶：您好，請問如果我媽媽已經開刀過了，以後要保實支實付可以嗎？

我：什麼情況開刀？住院幾天？目前恢復狀況如何？

客戶：疑似癌症，明天開刀住院五天。想請問，像她已經有病徵了，還

能再保實支實付嗎？

我：沒辦法。即使保了也不會理賠投保前的疾病，保險是要生病前保的。

以上同樣是「住院了才想保險」的案例。不過「疑似癌症」這個情況嚴重多了，不用我多說，一看就知道保險公司是不太可能會收的。

請記住，保險是理賠「投保後」發生的疾病。如果你的疾病是「投保前」就已經存在的，不好意思，這樣是無法理賠的。舉個例子，如果發生癌症了，才想要買癌症險，那每個人都等待癌症再來投保就好了，誰要健康的時候投保呢？

再次強調，不要再說「既往症」不賠了。正確名稱叫做「已在疾病」不賠，不要再謠傳既往症不賠這種話了。（＊詳見 219 頁〈「既往症」一定不會理賠？〉）

案例 3：暈倒後，想加保醫療險

網友：您好，我想請問，我妹昨天突然暈倒被送進醫院，現在躺在病床接受檢查，有沒有什麼保險可以不用經過三十天的等待期，直接加碼立即生效的？她已經有買南山和國泰的保單，現在等待接受檢查中。請問有這種保險嗎？

我：保險不理賠投保時已經存在的疾病，即使沒有等待期，現在保也沒用了。此外，檢查結果還沒出來前，保險公司也不可能核保，一定會要求知道情況如何才會核保。如果不清楚原因，很可能就會延期觀察，暫時不保。

這則案例是一個網友的詢問，也是臨時發生事故了，才想緊急加碼醫療

險。必須再次強調，保險是理賠投保後的疾病。這次的暈倒已經是投保前發生的，所以即使能加保，也不會理賠這次的疾病費用。

即使是「沒有等待期」的醫療險，也必須在「事故發生前投保」才有機會理賠。（＊詳見 071 頁〈保險不是今天買明天賠？淺談「等待期」〉）

09 | 保險不是有賠就好，保障足夠才是重點！

　　因為親戚發生車禍，知道我對保險比較熟悉，於是請我協助後續理賠及和解。親戚只受了小傷，都是診所或醫院看診。當我檢視保單後發現其中一家保險公司沒有保到「傷害醫療」，也就是「意外實支實付」。

　　我跟親戚說明：「你們以前投保的 XX 人壽因為沒有投保意外實支，所以沒辦法理賠。」他聽完一邊搖頭，一邊嘆氣：「跟 XX 保的保險是付最多錢的，結果卻沒有保到……」

有賠就好，多少不重要

　　很多人只依據繳交的保費多寡來作為判斷的標準，「我繳得越多，就應該要賠得越多，而且發生什麼事情都要賠才行」。這類的客戶其實不在乎賠多賠少，也不管這個保險有沒有必要，他們只在乎「有賠就好」。

　　這也就是為什麼多數人都比較傾向「終身」的選項（並非貶低終身保險不好），因為這些人認為「只要繳完保費，就終身保障，再也不必煩惱保險的問題了」。他們不會去在乎定期壽險有多麼重要，也不會去關心癌症的一次性給付多寡，更不會去瞭解失能有多可怕。但他們會因為業務沒有幫他規劃到一個多數人可以自己解決，可能才理賠幾千塊的保險金，而認為業務很不專業。這些人並不會去思考保障是否足夠，而是認為「有賠就好」，理賠金額能否解決問題從來不在他們的考量範圍。

　　然而，當不幸發生事故時需要一定程度的幫助，這才是保險真正的功

能。如果遇到一個事故需要一百萬，結果你的保險只賠一萬，那麼這個保險對你而言幫助大嗎？

想像你撐一把傘走在路上（一份保單），不會每顆雨水都與你擦肩而過，必然有些雨滴落到地上會反彈回來，滴到你的雙腳（例如腸胃炎），但沒關係，你最重要的身體都被雨傘給保護住了（死亡、重症、失能等）。人生會面臨許多危機，危機帶來的風險有大有小。保險規劃就像是一把傘，負責撐住你承受不住的那些災難。那些淋到也沒關係的小雨滴，就放過吧。

如果你在意的是發生事故「保障足不足夠」，那麼你的觀念非常正確，保單規劃上應該不會有什麼問題；但如果你在意的是發生事故「有沒有賠」，那麼你可能就得注意自己的保障內容了。

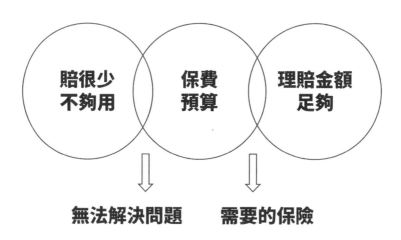

在保險規劃上不要孤注一擲

話說回來，現在絕大多數人都將保險的重點放在醫療險上頭（先不管終

身或定期）。從以前看到現在，幾乎有七成甚至八成的保費預算全部都是規劃醫療險。這樣會導致什麼樣子的風險呢？可能會產生「排擠效應」！

　　你的風險，不會只有一個。當你在醫療險放了大部分的預算，相對地就會壓縮到其他險種的空間，例如定期壽險，重大疾病險，失能扶助險，癌症險，這些險種的重要性未必會比醫療險來得低。當你在某個險種花越多保費，其他的保障就會變少，這是一定的。

　　過度的極端是不好的，例如因為家人曾經得過癌症，就把大部分的保費預算放在癌症，這其實是不對的。保險規劃應該要以更全面、更客觀的角度觀看。風險管理的第一個步驟是先去瞭解可能面臨的風險，再去加以衡量跟評估。不要只看到一個黑影就開了好幾槍，這些都是需要子彈（成本）的。

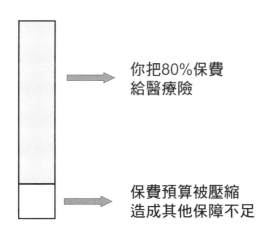

你把80%保費
給醫療險

保費預算被壓縮
造成其他保障不足

PART

2

從看懂保單開始

01 | 看懂要保書的三大部分

　　要保書就是投保保險時所寫的文件，若能搞懂要保書的各項資料，對於投保將有很大的幫助。其內容主要分為三大部分：基本資料、告知事項、聲明事項。

基本資料

　　要保人、被保險人的基本資料。例如：名字，投保的項目，是否投保其他保險公司實支實付，有無身心障礙手冊等等。

告知事項

　　告知事項一直是很讓人頭痛的問題，如果一旦涉及不實告知在兩年內可能會被保險公司解除契約，投保時務必依照書面詢問誠實告知，不可做不實告知。（＊詳見 054 頁〈投保前必懂，要保書的告知項目這樣看〉）

　　臺灣的要保書是採「詢問回答義務主義」，簡單來說就是：要保書「有問的」你要誠實回答，沒問到的就不在告知範圍（但，不在告知範圍，並不代表日後就會理賠，已在疾病仍有保險法第 127 條的限制，這點要分清楚）。如果是「無限告知主義」就比較麻煩了，不論你知道或不知道都得講，但這對一般保戶而言有失公平，因此臺灣沒有採用。

聲明事項

　　聲明事項分為：一、個人資料的同意運用，例如核保與理賠的連線系統；二、實支實付聲明事項。

　　如果在要保書裡有下圖這段文字，保險公司必須依照條款約定理賠，會牽涉到「收據正副本」的問題。（＊詳見 151 頁〈只有實支實付，才有收據正副本的問題〉）

---

2. 實支實付型醫療保險適用：
　　「本人（被保險人、要保人）已知悉並明瞭實支實付型傷害醫療保險或實支實付型醫療保險之受益人，申領保險金給付時須檢具醫療費用收據正本。但若被保險人已投保（　　保險公司）二張以上之商業實支實付型傷害醫療保險或實支實付型醫療保險；或本人於投保時已通知（　　保險公司）有投保其他商業實支實付型傷害醫療保險或實支實付型醫療保險，而（　　保險公司）仍承保者，（　　保險公司）對同一保險事故仍應依各該險別條款約定負給付責任。如有重複投保而未通知（　　保險公司）者，同意（　　保險公司）對同一保險事故中已獲得全民健康保險或其他人身保險契約給付的部分不負給付責任，但（　　保險公司）應以「日額」方式給付。

　　反之，如果上面這段文字沒有寫在聲明事項裡，就沒有拘束力。以下列的示範條款來看，就不會有「收據正副本」的問題。

第一條　保險契約的構成
　　　　本保險單條款、附著之要保書、批註及其他約定書，均為本保險契約（以下簡稱本契約）的構成部分。

---

02 | 填寫要保書的注意事項

　　要保書的填寫非常重要，可以說是絕大部分保險理賠糾紛的開端。舉例來說，只要前面將告知事項做好，後續理賠上才不會遇到各種麻煩問題。以下針對要保書的填寫事項逐一說明。

什麼是「要保人」？

　　要保人是指對保險標的具有保險利益，向保險人申請訂立保險契約，並負有交付保險費義務之人，其權利及義務為：

（一）權利：

　　1. 指定各類保險金之受益人。

　　2. 申請契約變更。

　　3. 申請保單貸款。

　　4. 終止契約。

（二）義務：

　　1. 繳納保險費。

　　2. 被保險人職業或職務變更及保險事故發生之通知。

　　3. 告知義務。

受益人怎麼指定？

受益人由要保人指定。人數無限制，中途得以變更，次數無限制，不是保險公司說了算。（＊相關內容詳見 061 頁〈想讓誰當受益人是你的權利，不是保險公司說了算〉）

填寫什麼「地址」？

保險公司收取續期保險費及相關文件的寄送地址。住所或收費地址如有變更，應立即通知保險公司。需要特別注意。如果更改地址未通知或填寫不正確，影響到保險公司催告，可能導致保單過了寬限期，保險效力即進入停效。

要保書上的「年齡」如何計算？

被保險人的投保年齡，以足歲計算，但未滿一歲的零數超過六個月的加算一歲。要保人在申請投保時，應將被保險人的真實出生年月日，在要保書填明。舉例來說，如果寶寶的出生日期為民國一○○年一月一日：

日期	經過時間	實際年齡	保險年齡 （足歲滿 6 個月＝多 1 歲）
100.01.01	100.06.30	0 歲	0 歲
100.07.01	100.12.31	0 歲	1 歲（滿 6 個月）
101.01.01	101.06.30	1 歲	1 歲
101.07.01	101.12.31	1 歲	2 歲（滿 6 個月）
102.01.01	102.06.30	2 歲	2 歲
102.07.01	102.12.31	2 歲	3 歲（滿 6 個月）

什麼是「主契約（主約）」？什麼是「附加契約（附約）」？

要保人可向保險公司單獨購買之保險商品，該商品通稱為主契約或主約。

附加契約係指附加在主契約，用以保障特定事故的保險商品，一般稱「附約」。「附約」是不單獨販賣的，通常主約終止時，附約也會連同主約一同終止。（例外情況是，如有延續條款，就可以續保附約。）

保險費繳付的方式有幾種？

保險費之繳付方式，分為一次交付及分期交付二種。採用一次交付方式繳交總保費者為「躉繳」。

採用分期交付方式者分年繳、半年繳、季繳、月繳，保戶可視個人之經濟狀況及需要做選擇，事後仍可申請變更。（＊詳見 254 頁〈保險費，年繳、半年繳、季繳和月繳的差別〉）

是否已投保實支實付型？

要保書會詢問被保險人（含家屬附約）是否已投保其他商業實支實付型傷害醫療保險或實支實付型醫療保險，勾選「是」代表通知，保險公司知情且同意承保後，得負擔賠償責任。

另外需要注意的是，實支實付是採取醫療收據理賠，而這份收據醫院只會開一份「正本」。如果請醫院開第二份，則稱為「副本」（記得請醫院蓋與正本相符章）。

什麼是「保險費自動墊繳」？

依保單條款規定，要保人若未依規定繳納保險費時，保險公司在取得要

保人同意後，得以該保險單所有之現金價值墊繳應繳保險費的制度，即為保險費自動墊繳制度。

　　我個人建議，勾選墊繳是比較好的選擇（ ＊詳見 251 頁〈超過寬限期，還沒繳保費，保單會怎樣？〉）。

什麼是「告知事項」？

　　告知事項主要為要保書中有關被保險人身體狀況等之詢問事項。應據實說明，如有故意隱匿、或過失遺漏，或為不實之說明，足以變更或減少保險人對危險之估計者，保險人得解除契約；其危險發生後亦同。

　　臺灣採取書面詢問主義：有問，就要答。以下為告知事項範例，僅供參考，依實際要保書內容而定。

健康狀況的告知期間：以要保人填寫要保書所載之申請日期起回溯計算兩個月、兩年、五年稱之。

健康檢查有異常情形：一、健康檢查結果異於檢查標準的正常值或參考值者。二、醫師要求或建議作進一步追蹤、檢查或治療者。

治療、診療或用藥：一、治療：針對疾病、傷害等異常現象直接加以手術、用藥或物理治療、心理治療等。二、診療：對於身體狀況有異常之問診、檢查或治療。三、用藥：服用、施打或外敷藥品。

住院七日以上：一、自辦理住院手續當日至辦理出院手續當日止。二、前述計算方式，中間如遇有轉院等中斷住院之情形時，需連續計算在內。（＊詳見 057 頁〈投保前有住院病史，該如何告知？〉）

03 | 投保前必懂，
要保書的告知項目這樣看

投保前，你得看懂告知項目，這篇主要是分析「告知事項」的基本觀念。要保書詢問的告知項目都得誠實告知，但要看清楚是「問什麼險種」喔！

要保書的告知事項

填寫要保書的「健康告知」項目，才能讓保險公司順利評估被保險人的身體健康狀況，所以務必誠實告知。不過每個險種所考量到的風險並不相同，並不是每一個疾病都會影響到保險商品的核保，因此每一個險種都有核保必須特別評估的疾病，知名的保險權威葉啟洲教授就曾於課程提到，像「壽險」考量的是死亡風險，那麼感冒這種小病就不會是核保評估的主要範圍。

在「人身要保書示範內容及注意事項」就將「人壽保險」、「健康保險」、「傷害保險」的詢問事項區分開來，主要分成五個種類的保險：

1. 人壽保險（一般常見的壽險）

2. 健康保險（日額醫療險、實支實付、手術險、癌症險、重大疾病險等）

3. 傷害保險（一般常見的意外險，骨折險等）

4. 重大傷病險（依照健保的重大傷病範圍保障的最新險種）

5. 長期照顧保險（就是長照險）

在此隨機挑選某間保險公司的告知事項頁面說明（因為這間公司的問法比較適合講解）。提醒讀者要誠實回答，否則可能會被解除契約。

九、職業及告知事項

| 主被保險人職業 | | 任職機構/學校名稱 | | | | 單位/部門 | | 職稱 | |

請要保人及被保險人親自據實回答，如有為隱匿或遺漏不為說明，或為不實的說明者，本公司得依保險法第六十四條規定解除保險契約且不退還已繳之保險費。

| 目前身高 | 公分 | 目前體重 | 公斤 | 工作內容（職業及兼業） | |

<table>
<tr><td colspan="2">※ 如投保壽險、健康險，請回答第 1~7 項問題：</td><td>是</td><td>否</td></tr>
<tr><td rowspan="7">主
被
保
險
人</td><td>1. 過去二年內是否曾因接受健康檢查有異常情形而被建議接受其它檢查或治療？(亦可提供檢查報告代替回答)</td><td>□</td><td>□</td></tr>
<tr><td>2. 最近二個月內是否曾因受傷或生病接受醫師治療、診療或用藥？</td><td>□</td><td>□</td></tr>
<tr><td>3. 過去五年內是否曾因患有下列疾病而接受醫師治療、診療或用藥？
(1)高血壓症(指收縮壓 140mm/舒張壓 90mm 以上)、狹心症、心肌梗塞、心肌肥厚、心內膜炎、風濕性心臟病、先天性心臟病、主動脈血管瘤。(2)腦中風(腦出血、腦梗塞)、腦瘤、腦血管血管瘤、腦動脈硬化症、癲癇、肌肉萎縮症、重症肌無力、智能障礙(外表無法明顯判斷者)、巴金森氏症、精神病。(3)肺氣腫、支氣管擴張症、塵肺症、肺結核。(4)肝炎、肝內結石、肝硬化、肝功能異常(GPT、GOT 值檢驗值有異常情形者)。(5)腎臟炎、腎病症候群、腎功能不全、尿毒、腎囊胞。(6)視網膜剝離或出血、視神經病變。(7)癌症(惡性腫瘤)。(8)血友病、白血病、貧血(再生不良性貧血、地中海型貧血)、紫斑症。(9)糖尿病、類風濕性關節炎、肢端肥大症、腦下垂體機能亢進或低下、甲狀腺或副甲狀腺功能亢進或低下。(10)紅斑性狼瘡、膠原症。(11)愛滋病或愛滋病帶原。倘投保商品含有長期照顧給付項目者，請額外回答：(12)阿茲海默氏病、退化性關節炎、骨質疏鬆症、失智症、退化性脊椎炎，伴有脊髓病變者、椎間盤疾患，伴有脊髓病變者、脊椎狹窄、外傷脊椎病變、脊椎腫瘤。</td><td>□</td><td>□</td></tr>
<tr><td>4. 過去一年內是否曾因患有下列疾病而接受醫師治療、診療或用藥？
(1)酒精或藥物濫用成癮、眩暈症。(2)食道、胃、十二指腸潰瘍或出血、潰瘍性大腸炎、胰臟炎。(3)肝炎病毒帶原、肝臟病、黃疸。(4)慢性支氣管炎、氣喘、肺臟病、肺栓塞。(5)痛風、高血脂症。(6)青光眼、白內障。(7)乳腺炎、乳漏症、子宮內膜異位症、陰道異常出血(女性被保險人回答)。倘投保商品含有長期照顧給付項目者，請額外回答：(8)運動神經元疾病。</td><td>□</td><td>□</td></tr>
<tr><td>5. 目前身體機能是否有失明、聾啞或言語、咀嚼、四肢機能障害。</td><td>□</td><td>□</td></tr>
<tr><td>6. 過去五年內是否曾因受傷或生病住院治療七日以上？</td><td>□</td><td>□</td></tr>
<tr><td>7. 是否已確知懷孕？如是，已經_____週？(女性被保險人回答)</td><td>□</td><td>□</td></tr>
<tr><td rowspan="3"></td><td>※倘投保連結全民健康保險重大傷病範圍者請回答第 1~8 項問題：
8. 過去兩年內是否曾因受傷或生病接受醫師治療、診療或用藥後仍因同一傷病而被要求做以下的檢驗或檢查？(亦可提供病歷或檢查報告)
(1)六個月內有二次或二次以上的 X 光或超音波或血液檢查。
(2)細胞學或內視鏡或核磁共振或電腦斷層檢查或正子攝影檢查。
(3)肌電圖或神經傳導檢查。</td><td></td><td></td></tr>
<tr><td>※ 如投保害險，請回答第 9~10 項問題：</td><td>是</td><td>否</td></tr>
<tr><td>9. 過去二年內是否因患有下列疾病而接受醫師治療、診療或用藥？
(1)高血壓症(指收縮壓 140mm/舒張壓 90mm 以上)、狹心症、心肌梗塞、先天性心臟病、主動脈血管瘤。(2)腦中風(腦出血、腦梗塞)、腦瘤、癲癇、智能障礙(外表無法明顯判斷者)、精神病、巴金森氏症。(3)癌症(惡性腫瘤)、肝硬化、尿毒、血友病。(4)糖尿病。(5)酒精或藥物濫用成癮、眩暈症。(6)視網膜出血或剝離、視神經病變。</td><td>□</td><td>□</td></tr>
</table>

<table>
<tr><td>告
知
事
項</td><td></td></tr>
</table>

| | 10. 目前身體機能是否有下列障害：
(1)失明。(2)是否曾因眼科疾病或傷害接受眼科專科醫師治療、診療或用藥，且目視力經矯正後，最佳矯正視力在萬國視力表 0.3 以下。(3)聾。(4)是否曾因耳部疾病或傷害接受耳鼻喉科專科醫師治療、診療或用藥，且單耳聽力喪失程度在五十分貝(dB)以上。(5)啞。(6)咀嚼、吞嚥或言語機能障害。(7)四肢(含手指、足趾)缺損或畸形。 | | |

配偶	目前身高 公分 目前體重 公斤 工作內容（職業及兼業）	是	否
	11. (1)如投保壽險、健康險，第 1~7 項；如投保連結全民健康保險重大傷病範圍者，則第 1~8 項，是否有告知為「是」者？	□	□
	(2)如投保害險，第 9~10 項是否有告知為「是」者？	□	□

子女(1)	目前身高 公分 目前體重 公斤 工作內容（職業及兼業）	是	否
	12. (1)如投保壽險、健康險，第 1~7 項是否有告知為「是」者？	□	□
	(2)如投保害險，第 9~10 項是否有告知為「是」者？	□	□

子女(2)	目前身高 公分 目前體重 公斤 工作內容（職業及兼業）	是	否
	13. (1)如投保壽險、健康險，第 1~7 項是否有告知為「是」者？	□	□
	(2)如投保害險，第 9~10 項是否有告知為「是」者？	□	□

壽險跟健康險：依照「人身保險要保書示範內容及注意事項」的規定，不管你是投保「人壽保險」還是「健康保險」都得統一回答相同的問項。上面這份要保書寫得非常清楚，只要有投保壽險或健康險都得據實回答第 1 到 7 項的問題。投保壽險要回答第 1 到 7 項，投保健康險也要回答第 1-7 項。投保壽險＋健康險，還是得回答第 1 到 7 項。

重大傷病險：如果你有投保「重大傷病」，那麼除了第 1 到 7 項以外，你還得另外回答第 8 項才行！反過來說，如果沒有投保「重大傷病」，第 8 項是不用回答的。這個觀念非常重要喔，再提醒一次：如果你沒有投保該險種，就不需要回答「特定問題」。例如你只有投保壽險，第 8 項就不用回答。

傷害險（一般俗稱意外險）：如果你是投保（傷害險）也就是俗稱的意外險，只需要回答第 9 到 10 項即可。

　　再次強調一個基本觀念：如果你只有投保人壽保險，那就針對人壽保險的告知事項回答即可，不需要回答傷害險或重大傷病的告知事項。如果你只有投保傷害險，沒有任何壽險、健康險、重大傷病險、長期照顧保險，那你該回答的就是上面的第 9 到 10 項而已，第 1 到 8 項並不屬於「傷害險」的告知範圍。（不過有些保險公司即使只有投保傷害險也會問到其他項目，所以請依照要保書詢問為主。）

　　寫下這篇並非是要教導讀者不實告知，而是告訴讀者每個險種的告知範圍不同，要分清楚才能夠做好正確的據實告知。每間保險公司的要保書問項不同，請依照個案狀況去做判斷，此篇僅供觀念上的參考。（＊長照險的要保書是獨立出來的，詳見 169 頁〈投保前必懂，長照險告知事項〉）

04 ｜投保前有住院病史，該如何告知？

　　投保時保險公司會以「健康告知書」來審核你的身體健康狀況，進而決定是否承保。如果這時你的身體健康狀況已經不符合標準，可能就會產生「除外、加費、拒保」等情況。所以保險應該是健康時就先準備起來，而非等到生病之後再來考慮

　　然而許多人在買保險之前可能會有「住院」的情況，這個時候該如何填寫健康告知書呢？

告知事項詢問的「住院」項目

　　首先，在告知事項中詢問的住院項目通常如下圖。這個詢問事項有兩個要點：

> 七、過去五年內是否曾因受傷或生病住院治療七日以上？

　　1. 五年內。
　　2. 住院治療七日以上。

　　填寫健康告知時有一個重點要記得：有問的，誠實回答。

　　但是，臺灣的要保書是採取書面詢問主義，如果「沒問到的」就不屬於告知義務的範圍。（但不在告知範圍，並不代表日後就會理賠，已在疾病仍

有保險法第 127 條的限制，這點要分清楚。詳細內容可參考 219 頁〈「既往症」一定不會理賠？〉）

例如問項為「五年內」，但你是「六年前」住院，這樣就不屬於該項告知義務的範圍。例如問項為「住院治療七日以上」，但你只有「住院三天」，這樣也不屬於該項告知義務範圍。

要特別注意的是，告知義務有很多項。假設 A 項不用告知，不代表 B 項也不用，請依照個別詢問事項據實回答。

「七天」如何界定？

「住院治療七日以上」從文字上看起來很簡單，但解釋上不是那麼簡單。例如「以上」是七日就算，還是第八日才算？例如「七日」是指累積加起來七日，還是連續住院七日？關於這點，在「要保書說明示例」有提到：

二十、「住院七日以上」怎麼認定？

（一）自辦理住院手續當日至辦理出院手續日止。

（二）前述計算方式，中間如遇有轉院等中斷住院之情形時，需連續計算在內。

「住院七日以上」是指住院至出院當日為止。意思就是「連續住院七日」才屬於告知範圍。如果你是連續住院六天，然後出院了，隔一天又重新住院三天，雖然合計是九天，但「連續住院只有六天」，就不屬於告知範圍（這段文字的意思比較不好懂，建議多看幾次）。

但是，如果中間「轉院」，就得連續計算。例如 A 醫院住六天，轉到

B 醫院住三天，這樣就是連續計算九天，就屬於告知範圍了。所以重點在於「出院手續」，只要中間有出院，那麼「連續住院」就會中斷。因為大多數情況下，「出院」這種事情要經過醫師的判斷，認為不須住院治療後才可以出院。

如果病人「堅持出院」，依照醫療法第 75 條的規定，病人得簽署「自動出院同意書」才行。（不然病人堅持出院結果在家掛掉，反過來告醫師治療不當，那醫院不就衰爆了）。「連續住院七日」是要篩選出比較嚴重的狀況。當你住院到第六日，醫師認為還需要住院觀察，但你填寫「主動出院同意書」堅持要出院，這時就可以合理判斷，你是屬於需要連續住院七日以上的嚴重情況。並不會因為你「主動出院」就可以避開這項告知，到時候一定會產生爭議。這點細節請特別注意。

所以在正常情況下的「出院」，如果是經過醫師判斷的話，基本上都是沒有問題的。但如果你是「主動出院」的情況，可能會被認為是「連續住院」來做判斷。

相關問題討論

Q：三年前住院五天，一年前又住院五天，這樣算連續住院十天嗎？

不算。連續住院的定義是「從住院到出院」，所以三年前五天，一年前五天，都是算連續住院五天而已。所以並非此項告知。

Q：七日以上，有包含第七天嗎？

有包含。如果你已經連續住院，即使第七天出院，「出院這天」也包含在內。

Q：連續住院六天，醫師建議第六天出院。但回家後不舒服又住院，這樣算連續住院嗎？

不算。因為中間經過「出院手續」（非主動出院的情況），連續住院就會中斷，也就是只算六天而已。即使再住院，這時住院日數就得重新起算（又是一個新的住院手續）。

Q：連續住院六天，填寫主動出院書要求出院，結果隔天又再住院，這樣屬於告知範圍嗎？

會有爭議。因為連續住院七日的判斷標準是要找出「體況嚴重」的人，既然醫師沒有建議出院，就代表病況還沒達到可以出院的程度。所以這時「主動出院」的情況下，雖然文字上不屬於連續住院，但解釋上仍會被認定「有連續住院七天」之爭議。大家不要為了規避告知義務，而選擇主動出院此種方式。

「住院七日」這個告知事項，重點就是「五年內」＋「連續住院七日」這兩項。如果符合就得據實告知讓保險公司可以順利核保。大家在判斷時，也請留意是否為「連續住院」的情況，投保時做好據實告知就沒問題囉。

特別提醒，因告知事項可能略有不同，實際投保請依照個案情況判斷，此篇心得僅供參考，如有相關問題請詢問業務或是保險公司窗口。

05 | 想讓誰當受益人是你的權利，不是保險公司說了算

保險契約訂立時，根據「保險業招攬及核保理賠辦法（102.11.07）」，身故的部分會需要填寫受益人，「通常」只限於配偶、直系親屬、法定繼承人。實務上要保書填寫其他關係人，保險公司大多不會同意，因為擔心有道德風險（例如詐領保險金）。

契約成立後，受益人想改誰就改誰

可能會有讀者想問，那麼除了配偶、親屬和繼承人之外，如果我想把這筆身故保險金給男（女）朋友，或想將部分或全部捐贈給慈善機構，這種時候該怎麼處理？

其實，要保人本身即有受益人指定（變更）權，所以有以下兩個步驟：一、先讓契約成立生效（先填寫符合規定的受益人，如配偶或親屬）；二、等保單下來再填寫契約變更書（選擇順位、比例），最後再將契約變更書交給保險公司即可。

受益人的變更，只需符合三個條件即可，保險公司和受益人同意與否都無關，這三個條件分別是：要保人的指定、被保險人書面同意、通知保險公司。另外補充，受益人的資格可以是自然人和法人，所以除了個人外，公司、寺廟、慈善團體等機構都可以。而受益人需以生存者為限，如果在保險事故發生前受益人就死亡，可以重新指定；若於保險事故發生後受益人才死亡，因受益權已經確定，因此就會列為受益人遺產，由受益人的法定繼承人申

請。(＊關於「非親屬受益人」如何申請保險金、該怎麼拿到「死亡證明書」，可以參考 063 頁〈同志結婚後，保險怎麼辦〉)

　　重點就是，當契約成立生效後，保險公司就沒有辦法限制受益人要指定誰！指定受益人，也不需要對方的同意。要保人跟被保險人需要在合約上簽名，受益人則不用。日後被保險人還是可以隨時撤銷此同意。

實測！把馬英九變成我的受益人

　　為了證明本文的可行性，我特地去將自己的保單變更受益人為馬英九，如果連前總統都能夠變更，那還有誰不行呢？雖然國泰人壽的臨櫃小姐一直叫我不要這麼做（其實我也不想這麼做啊，還不是為了讀者），最後成功證明這是可行的，請見下圖成果。

保單號碼：7　　　　　　　　;2
自１０３年０１月２９日起身故（指定）受益人變更為：
馬英九1%，林　　24%，林　　75%。

06 ｜同志結婚後，保險怎麼辦？

　　臺灣已經正式通過同志婚姻專法，所以同性伴侶可以正式登記結婚了。不過，同性婚姻可能會遇到一些新問題，例如保險這一塊，絕對是重中之重。這篇就會說明同志們常遇到的保險問題，分別是：一、同志可以買保險嗎？二、能當要保人，替另一半買保險嗎？三、可以當受益人嗎？四、能不能代繳保費？五、如何取得死亡證明？

　　在往下看之前，希望讀者先建立一個基本觀念：「同志情侶」跟「一般情侶」會面對的問題都是相同的。同志會遇到的問題，一般男女朋友也會遇到，例如無法當彼此的受益人，或是難以取得死亡證明等等。所以與其說是「同志婚姻前後差別」，倒不如說是「結婚前後差別」，會更容易理解喔。接下來，就將逐一分析，同志婚姻合法化後所產生的改變。

同志可以買保險嗎？

　　不論是什麼人，只要你想，都可以買保險。不過保險公司在審核時，會評估任何可能影響到核保的因素，「同志身分」也會是考量之一。但，如果你不講，誰知道你是同志呢？要保書也不會詢問是否為同志，所以跟一般人的核保標準是相同的。

　　在結婚以前，任何人都可以買保險，但核保標準可能不同。如果保險公司知道同志身分，確實有可能更慎重評估（例如要求體檢）。但還好的是，保險公司基本上很難得知保戶是不是同志。另外，也不會因為同志婚姻合法

後，投保就變得超級容易，還是得依照保險公司的核保走。

可以當「要保人」，幫另一半買保險嗎？

先簡單介紹一下保險法裡面的三種身分，分別是：要保人（跟保險公司提出買保險，通常為付保費的那個人）、被保險人（真正的保障對象，發生事故，可以申請保險金的人）、受益人（當被保險人身故後時，可以申請保險金的人）。

依照保險法，要保人跟被保險人之間，必須要有「保險利益」關係。為什麼要有「保險利益」關係呢？舉例來說，小明當要保人，找女朋友小美當被保險人，保了一千萬的意外險，約定自己當受益人。結果，隔天小美就被車撞死了。小美車禍死掉，小明當受益人拿到一千萬保險金。你覺得這個故事如何？是不是有點可怕，天曉得什麼時候自己會成為故事中的小美。保險法就是擔心這種情況，才會要求要保人跟被保險人之間，必須有「保險利益」關係。

所以，同志可否用要保人身分，幫另一半買保險？這個問題，跟同志身分無關，而是跟「要保人與被保險人」之間的法律關係有關。如果今天是男朋友想幫女朋友買保險，大部分保險公司都不會接受，原因在於兩人並沒有法律上的關係，所以保險公司大多會以「沒有保險利益」做為拒保的理由。那麼，如果真的很想幫另一半買保險，該怎麼辦？實務上通常就是讓對方自己同時當要保人跟被保險人，去跟保險公司簽訂契約。

在結婚以後因為擁有正式的法律身分，就可以當要保人了。就像上面說的，這其實不是同志身分的問題，而是兩個人法律身分的問題，所以即使是一般男女朋友，保險公司通常也不會接受這樣的關係當要保人的。如今同志

婚姻通過，同志兩人就對彼此擁有保險利益了，當然就可以當要保人，為另一半投保保險。

保單受益人，可以是另一半嗎？

受益人，簡單來說就是申請並獲得保險金的人。一般醫療險、癌症險、失能險等保險，由於理賠的時候，被保險人通常還活著，所以這些保險的受益人，就是被保險人本人。如果是被保險人死亡才啟動的理賠，例如壽險或意外死亡，被保險人不可能從棺材裡跳出來領保險金，所以這時才是真正的身故受益人會出來。

那麼，同志的受益人可以填寫另一半嗎？在結婚以前，可以約定另一半當受益人，但實務上保險公司通常都不接受。在結婚以後，當然可以！配偶當受益人天經地義。結婚後，已擁有正式的法律身分，這時就不用像以前「先投保，後更改」這種麻煩的方式，直接填寫你的另一伴當受益人就可以了！

其實，你受益人要寫誰，保險公司都沒辦法管你，就算想寫陳水扁、馬英九、蔡英文還是韓國瑜都可以。區分的重點在於是投保前還是投保後。投保前，保險公司擁有契約自由的權利，若他們認為受益人有疑慮，可以選擇拒絕你的保單。投保後，保險公司就沒有辦法拒絕受益人的變更，即使是總統都能當受益人，還有什麼人不能？

能不能幫另一半繳保費？

許多情侶交往，都會想幫另一半多付出一些，這其中當然也包含「保險費」。依照保險法第 115 條：「利害關係人，均得代要保人交付保險費」，

這個「利害關係人」指的是誰呢？最常見可以幫忙繳交保費的有以下四種，分別是：被保險人、受益人、被保險人的法定繼承人、被保險人的家屬。

那麼，同志情侶間，可以幫忙代繳保費嗎？在結婚以前，無法代繳保費，除非你成為受益人。上面提到，同志情侶會面對的問題，就跟一般情侶一樣。保險公司不會接受男女朋友幫忙繳交保費這種事情，所以過去實務上的解決方法通常是「讓繳交保費的人，成為保單受益人」，這樣就取得利害關係人身分，可以代為繳交保費了。

在結婚以後，可以代繳保費，完全沒有問題。在過去只能靠「變更受益人」這招，來取得利害關係人身分。如今同婚後，另一半已有正式的法律身分，身為配偶的家屬，就可以代繳保險費囉

如何取得死亡證明？

前面有提到，被保險人還存活的時候，受益人就是被保險人自己。但如果是死亡才理賠的（例如壽險），此時一定會約定一個人來當受益人，代為領取保險金。同志（含男女朋友或小三小王）可能會幫自己買壽險，然後約定另一半當受益人。但是，申請身故保險金的時候，必須提供死亡證明，證明被保險人死亡後，才能領取保險金。這個時候問題就來了，同志（含一般男女朋友或小三小王）不具任何法律上的身分，該如何取得死亡證明書呢？

在結婚以前，取得死亡證明可以很簡單，也可以很麻煩。簡單的是，被保險人家屬願意直接提供給你死亡證明。但，事情往往沒這麼容易，有些家屬會認為保險金應該是他們的，甚至因為討厭你而不願意給死亡證明。這個時候該怎麼辦呢？就要循麻煩一點的途徑了，有以下三個方法：

1. 依受益人身分（利害關係人），取得除戶謄本。

2. 提出法院訴訟，由司法調查職權，取得死亡證明。

3. 受益人分配，包含可取得死亡證明之人。只要那個人提出申請，就可以證明死亡。

在同婚合法前，主要是透過上述三種方法來申請保險金。在結婚以後很簡單，配偶就可以直接取得死亡證明囉！

同志關係在投保上，會不會被刁難？

不知道，真的不知道。其實不是只有同志才會面臨這樣的問題，包含「身心障礙者」也是一樣。主管機關金管會還因此發函一份「保險業承保身心障礙者原則」，要求保險公司應該對身障者給予合適的核保標準。

但是，不得不說一下實務上比較殘酷的事實。保險是一種契約，保險公司自然有「契約自由」，這個自由也包含「不承保」的自由。所以如果保險公司因為你的「同志身分」或「身心障礙者身分」而不願意承保，基本上你是拿它沒轍的，因為它確實擁有「不承保的自由」。

如果感覺因為同志身分被針對，真的沒有解決方法嗎？有，但效果不佳。「保險業承保身心障礙者原則」就有提到「保險公司對身心障礙者之未承保案件，應以書面敘明未承保理由」，如果你沒有任何理由就被拒保，可以要求保險公司提出相關依據，但這也僅能得到一份未承保理由而已，你還是沒有辦法得到那間保險公司的保障。所以與其去爭執「你為什麼要拒絕我」，倒不如趕快去找下一家願意承保的保險公司吧！

那麼，保險公司會要求體檢嗎？可能會，可能不會。依照我的經驗，目

前保險公司的隨機抽樣體檢機率，大約是二十五分之一，一百件隨機抽四件體檢。如果保險公司要求體檢，你也只能配合。不想配合？那保險公司就拒絕承保。畢竟你有拒絕體檢的自由，保險公司當然也有拒絕承保的自由，這就是「契約自由」。

其實同志過去面臨的問題，就跟沒有結婚的男女朋友是一樣的，因為不具法律身分，很多事情就窒礙難行。如今同志婚姻通過，很多問題也就迎刃而解。最後，祝全天下的有情人在歡喜結婚之餘，務必再次檢視雙方的保險喔！

07 | 自然保險費與平準保險費

　　保險費率有兩種，分別是「自然保險費」與「平準保險費」（又稱自然費率與平準費率），兩者有所不同，以下將會簡單介紹兩個費率的差異，以及各自的優點與缺點為何。

自然保險費：隨著年齡增長及危險發生率的提高，保費逐年遞增。
平準保險費：保險期間內，每一時期繳交保費皆為相同。

分類	自然保險費	平準保險費
保費高低	隨年紀及危險發生率 提高保費	保險期間 每年繳交保費相同
調整期限	每 1 ～ 5 年調高保費	保費不更動
優點	早期繳費壓力低 保障可以隨時做調整 彈性空間較大	後期較無壓力 將日後要付的額保費 平均攤在每一期繳交
缺點	保費逐年增加 老年得繳交較高額的保費	保費不變 初期得繳交較高額保費
建議	做好財務管理 以防年老需要保障無力支付 可跟平準型搭配規劃	評估 5 ～ 10 年內繳費能力 繳得起為第一優先考量 可跟自然型搭配規劃

　　自然費率的保險費是隨著年紀逐年增加，對於中老年人而言，會面臨即將退休但得繳交高額保費的狀況（也可能累積一定資產不用擔心了）。平準費率的保險費是早期會繳較多的保費，但其實是將各個時期攤平在一塊（但得注意繳費能力）。

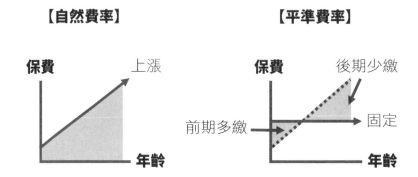

因為預定利率不同，下圖僅解析自然保險費與平準保險費，在此不討論定期險與終身險的問題，單純就平準費率與自然費率做討論（會牽涉到脫退率、預定利率貼現等問題）。

年齡 （歲）	平準保險費	自然保險費	兩者差額 （平準-自然）
30	50	20	30
40	50	40	10
50	50	50	0
60	50	70	-20
70	50	100	-50
總繳	250	280	-30

＊以總繳保費而言，到中老年大多會是平準費率較為便宜，
　並未計算時間貨幣價值（因預定利率已經貼現計算）

沒有哪個選擇就一定最好，兩者都是保險公司透過精算師，以危險發生機率高低計算出來的費率，保戶只需要以自身的風險需求做考量就好。目前個人覺得較合適的方法是，以自然費率去搭配平準費率，兩者比例可以自己做調整。

08 | 淺談「等待期」
保險不是今天買明天賠？

　　保險不是今天買，明天賠，有時你得等一下。那麼，保險從什麼時候開始理賠？什麼是「等待期」呢？

　　保險契約的生效日，不一定就是保險公司負起理賠責任的那天。壽險、醫療險和意外險，等待期也有些微不同。因此建議先將「等待期」搞清楚，才不會造成理賠上的爭議與誤會。

什麼是等待期？為什麼要有等待期？

　　請翻開你的保單條款，查看第二條名詞定義「疾病」。通常在生效日過後，會約定一段期間做為等待期。

　　等待期所依據的保險法第 127 條原文：「保險契約之等待期間，係為避免被保險人故意隱瞞及排除自覺症狀而購買保險之危險估計，此等待期間之約定，係藉此防範短期出險，此故為保險業之主管機關所認可。」這是為了防範有保戶帶病投保的狀況，產生所謂的逆選擇，即保險公司因無法正確估計危險，因而提高保費，健康的保戶又無故承受這多出來的保費，長久下來對保險公司或保戶都是不良的惡性循環。

　　雖然也有不用等待期的醫療險，但僅為少數：重大疾病險遭受意外所致，不需要等待期，例如因為車禍導致需要洗腎或是癱瘓等。

　　萬一在等待期發生事故，保險公司能終止契約嗎？答案是不行。除了癌症險之外，保險公司最多只是不給付而已，不能終止契約。

　　如果因為忘記繳費或經濟困難未能按期繳費，導致保單停效，也不用擔心，不論是醫療險、癌症險、重大疾病險，現在申請契約恢復效力，也同樣沒有等待期的限制囉！

　　隔年續保的情況，健康保險商品（除重大疾病，癌症）其他續保不適用等待期，也就是不需要等三十天等待期。（＊關於停效，請參考 247 頁〈超過時間沒繳保費，保單會怎樣？〉）

什麼時候才可以申請理賠？

　　要度過這段等待期，你的保單才能夠真正開始發揮效用。醫療險的等待期最長為三十日（0 到 30 日）；癌症險、重大疾病險、重大傷病險的等待期，最長為九十日（0 到 90 日）；壽險、意外險則是沒有等待期的限制。

　　在此原則下，各保險公司所制定的等待期不完全相同，以重大疾病為例，有可能 A 保險公司規定的生效日是三十天後，而 B 保險公司的生效日則是九十天後。

　　如果剛過等待期就發病，保險公司會不會拒賠呢？保險公司若要拒賠，得先證明該疾病是在等待期內發生的。若是無法證明，符合條款要件就得理賠。但每個案件不同，處理方法也不一樣，所以無法一概而論。

09 | 買保險記得看條款！保險商品條款查詢方法

　　保險契約的條款決定保障範圍，有時候賠與不賠都在一字之差，因此選擇對的條款非常重要！承保的條款主要分為「列舉式、概括式、綜合式」這三種。不論是概括或是列舉，在投保的時候都得注意觀看條款，才不會造成理賠時的認知錯誤。

1. **列舉式**：把保障範圍一一列出來。簡單來說就是「有列出來的有賠，沒列的沒賠」，例如實支實付的條款就可以做列舉約定。

2. **概括式**：對保障範圍採用概括的方式，針對「不保事項」列出來不賠，例如實支實付的「超過全民健康保險給付之住院醫療費用」，就包括了大部分的自費項目。

3. **綜合式**：上述兩種方式的結合，也就是在列舉項目中同時含有概括的項目。例如車體損失險的甲式條款，或是實支實付的示範條款都是屬於這種類型。

查詢教學：找保費看條款

　　你不知道如何查詢保單內容嗎？很簡單，可以透過「財團法人保險事業發展中心」查詢想要的資料。「親眼」檢視條款到底寫了些什麼東西，才能清楚自己受到什麼保障，而非連「保證續保或不保證續保」都分不清楚。

1. 上任何網頁搜尋關鍵字「保發」：先找到保發中心的「保險商品查詢」

2. 點選「開始查詢」：我們要找的就是「保險商品查詢」。點選右下方「開始查詢」即可。

3. 勾選你要找的資料：

(1)公司類別→選擇人壽，財產保險公司（可以不用點選）。

(2)公司名稱→選擇保險公司（可以不用點選）。

(3)未停售→若勾選就「不會」出現已停售的商品。

(4)關鍵字查詢→一定要有精準的關鍵字，例如全名為（A 人壽 BCD 癌症保險附約）你打 A 人壽癌症保險附約搜尋得到。但如果只有打 A 人壽癌症（　）附約（中間的兩個字「保險」不見）這樣就搜尋不到囉！

(5)識別碼→隨機識別碼一定要按，不然沒辦法搜尋。

(6)開始查詢

4. 看看是否停售：如果上面沒有勾選未停售，就會出現已停售商品的日期。

5. 找到條款、保費：

(1)商品內容說明→對條款不熟的朋友，可以先從這裡瞭解保單內容。

(2)保單條款→保險是一種契約，契約就得看條款，這裡是最重要的。

(3)要保書→關於告知事項每份要保書都略有不同，要特別注意。

(4)費率→這是搜尋的第二個重點，這就是保費。

(5)附加保險→這是我蠻常看的地方，會將可以附加的附約都列進來。

(6)理賠文件→保單條款就有了。

以上就是查詢一份保單的條款、保費等相關資料的方法。但需要注意，保發只有蒐集民國九十二年以後的資料，所以很多老舊的條款在裡面是查不

到的。因此這些以前的保單條款或相關資訊,可以透過這些管道索取:一、打保險公司的客服電話 0800 查詢;二、請業務員列印給您;三、親自到保險公司跟臨櫃人員索取;四、從網路申請寄送條款。

搞清楚除外責任,不要等到理賠才來爭論

在保單中有一個條款,叫做「除外責任」。保險公司在計算保險費率的時候,會將不願意承保的事項排除,因為沒有列入保險費的計算,所以保險公司也不必負起賠償之責任,這就叫做除外責任。

把條款看清楚,申請理賠時才不會發生認知錯誤的狀況。

10 | 什麼是「審閱期」？
什麼是「契約撤銷權」？

　　審閱期是提供「投保前」的條款認知保障，契約撤銷權是提供「投保後」因為過於衝動，若是對條款認識不清楚，所給予的一段冷靜時，兩者的功用不同，因此是可以互補的。

審閱期：要保人於投保前，保險公司提供合理期間，讓要保人審閱條款內容，期間為三天。不是每份契約都一定要有審閱期，目前主管機關公布適用僅有「傳統型個人人壽保險」，其他關於「團體保險」、「投資型保險」、「醫療險（健康保險）」、「意外險（傷害保險）」、「年金保險」都是排除在外的喔！

契約撤銷權：要保人於保單送達後翌日，可以在一定期間（十天內），以書面檢同保險單向保險公司撤銷契約。也就是說，要保人於保單「送達」的「隔天」，有十天的時間可以讓你決定是否要將保單撤銷，這個撤銷的意思就是保險公司退還保費，保險契約自始無效。

名稱	審閱期	撤銷權
目的	投保前，提供合理的時間瞭解條款	投保後，提供一定時間內撤銷保單
天數	收到條款翌日起 3 天	收到保單翌日起 10 天
效果	沒有寫審閱期該條款不構成保單內容	撤銷後契約自始無效退還保費

　　契約撤銷權是參考美國、日本引進而來的制度，一九八八年一開始被稱為「契約撤回請求權」，只有未經過醫師體檢，或沒有體檢的人壽保險才有適用。當時行使的方式是要保人繳交保險費後十日內，用「書面＋雙掛號」寄回撤銷保單。

　　一九九二年，「契約撤回請求權」修正為「契約撤銷權」，此時不論有無體檢，均可以適用該項權利，將撤銷生效前後，保險人應負的責任寫得更加清楚。另外，撤銷的時間點也從要保人繳交保險費後，變更為「繳交保險費＋簽收條款」時翌日起算十日內。而行使方式仍同上述，但已可以「親自」去保險公司辦理。

　　一九九三年，修正撤銷權從「繳交保險費＋簽收條款」，變更為「收到保險單」。這是撤銷權的一大進步。從繳交保費時，變成收到保單時，對保戶而言在選擇上大有幫助。

　　一九九五年，正式將撤銷權從函釋增訂到「條款」中，原本名稱為「人壽保險單一般條款標準條文」，於當年修正為目前所稱的「人壽保險單示範條款」，並從原本行政函釋的階級，進一步列進條款當中，這對保戶而言更具有保障效力。最重要的是行使的方式不再是「雙掛號」，改為「掛號」即可。

　　二〇〇六年，將行使方式做最後變動，由「親自或掛號郵寄」改為現在的「得以書面檢同保險單」。

　　以上就是「契約撤銷權」的由來及條款變更的經過。看完上述條款的幾次變更，就會瞭解保險條款其實是朝著對被保險人有利的方向，一點一滴改變的。這個看似沒什麼的條款，也經過好幾次的更改刪減，才成為現在的樣子。所以，客戶拿到保單後，可以利用這十天，好好地考慮自己是否真的需要這份保障。

什麼時候才算是「保險單送達」？

「保險單送達」是採取到達主義，簽收回條或是掛號回執聯，若是由大樓或公寓管理員簽收，也同樣具備收受的效力。契約撤銷權就從隔天開始計算，即使要保人沒有親手拿到保單也是相同。這裡有兩個很重要的要件：一、保險單已經在要保人可以支配的範圍；二、要保人可以瞭解的狀態。

當保險單送達至要保人可以支配的範圍內，例如家人簽收或是郵差投入信箱，要保人隨時都可以拿到保單，就已經符合「保險單送達」的要件了。至於要保人有沒有去拿，知不知道內容是什麼，都不是重點。即使是生病住院或外出旅行，十天後才發現原來保單已經被管理員簽收，或是早就放在信箱中沒有發現，都沒辦法讓契約撤銷權重來，因為從可以支配的隔天就已經開始計算。

但需要注意的地方是，如果郵差到家發現沒人，只放了掛號信領取憑證，就不能認定是「送達」的狀態。此時要保人還無法拿到保單，因此得等要保人去到郵局領取那天，才算是「保險單送達」。

目前示範條款針對契約撤銷權的規範，僅限於「人壽保險單示範條款」、「利率變動型年金保險單示範條款」、「個人即期年金保險單示範條款」、「個人遞延年金保險單示範條款」。但在實務上仍有少數其他險種有「契約撤銷權」，也有「附約」擁有獨立的撤銷權的條款（就是可以只撤銷附約，留下主約），因此收到保單的時候記得要注意看清楚喔！

最後小提醒，如果你的保單是由業務員親自拿給你，當你在簽收回條簽名後，記得壓日期！如果日期沒有填寫，很可能業務員拿走後會將該日期「提早」，例如明明是一月十一日簽收，但沒有寫上日期，業務回去後寫一月一日簽收，你的十天撤銷期就沒了，這點要特別注意。

11 ｜核保醫學跟臨床醫學的不同

　　「核保醫學」是將醫學理論用在保險制度。「臨床醫學」是將醫學理論用在臨床治療。兩者的理論基礎相同，但應用的地方不同，而會產生不同的結果。

對象的不同

　　核保醫學：以大多數的被保險人為主，以健康的共同團體，讓整個保險制度得以順利運作為目的。

　　臨床醫學：以單獨的個體為主，面臨身體上的不適，以查明病情及治療為目的。

考量的不同

　　核保醫學：考量的是有無影響死亡率或殘疾率的潛在因子，考慮的對象是所有被保險人，因此對於不健康的個體會有諸多考量。

　　臨床醫學：考量當次疾病的原因，以及找出治療的方法，不用考慮其他人。

期間的不同

　　核保醫學：重視的是長期的影響，因此觀察的期間短則三個月（感冒），長則五年（癌症）。

臨床醫學：重視「目前」的存活率，而不注重未來。

	核保醫學	臨床醫學
對象	以多數 被保險人為主	病患個人
考量	死亡率 殘疾率	當次病症 治癒的恢復
期間	觀察期間較長	罹病期間較短

　　簡單而言，核保醫學重視「未來的死亡率」。臨床醫學注重「現在的生存率」。舉例來說，若是脂肪肝，在臨床醫學上不會認為是多嚴重的問題（至少不必嚴重到馬上住院治療）。但在核保醫學上就會考量是否會導致後續身體不健康，而提高相關疾病的發生率。

　　因此，身體健康才是投保最重要的關鍵。如果已經有原有的疾病，建議可以先好好控制，等待病情較為穩定時再來投保，才有更大的空間去換取比較好的承保條件。

註：本篇資料參考自呂廣盛《個人壽險核保概論》

PART

3

壽險、失能險、意外險

01 | 買儲蓄險之前，先問自己四個問題

　　「儲蓄險」是臺灣人最愛的保險之一，然而對它卻有許多迷思與錯誤觀點。這是由於部分業務人員為了銷售方便，經常拿「儲蓄險」跟「定存」做利率的不當比較。金管會曾發函，禁止業務人員以「存款」的名義去招攬保險，後來也為了避免「儲蓄＝存款」的錯誤聯想，將所有商品刪掉「儲蓄」兩個字，目前市面上可以看到的只剩「養老保險」。雖然金管會做了這些措施，但似乎仍然無法阻擋國人拿「儲蓄險比較定存」的錯誤觀念。

壽險分為三種

　　其實在保險法規裡並沒有「儲蓄險」這種名稱，大家所說的「儲蓄險」或「養老保險」，大部分是指「人壽保險」跟「年金保險」（近年來已無「儲蓄」名稱商品，只剩少數商品會用「養老」）。

　　為什麼會被稱為「儲蓄險」呢？這就要談到壽險的分類了：

1. **生存保險**：被保險人在保險期間滿期仍存活，就可以獲得保險金，又稱為滿期保險金。反之，如果被保險人在保險期間內死亡，保險公司將不負賠償責任。簡單來說就是「活著才能賠，死亡不能賠」。這種商品目前比較少見，大多數人會改以「年金險」做為替代。

2. **死亡保險**：就是標準的壽險。被保險人死亡的時候，保險公司才理賠保險金。如果被保險人沒有在保險期間內死亡，保險公司就不會理賠。簡單來

說就是「有死才有賠，活著就不賠」。依保障期間的不同，又可以區分成「定期」跟「終身」，我把它們稱為「死亡定期壽險」跟「死亡終身壽險」。

死亡定期壽險通常有一年期、十年期、二十年期、三十年期不等。假如被保險人投保的是二十年期，而在這期間都平安無事，雙方的契約就結束了，保險公司不用負擔任何理賠。這就是「死亡保險」的特徵，有死才有賠。如果擔心滿期後身故的風險，可以找尋有「保證續保」的定期壽險。

死亡終身壽險通常有「躉繳」、「限期繳費」、「終身繳費」三種繳費期間。「躉繳」沒有分期，一次付完所有保費，通常是有一定資產的人才會選擇。「限期繳費」就是現在最常看到的「二十年期」，在這段時間內繳完就不用再繳保費，保障終身。「終身繳費」則是如果要擁有保障，就得一直繳下去，但保費會隨著年齡增加，到老年時保費太高，不適合大多數人。

3. **生死合險**：顧名思義就是「生存保險＋死亡保險」。以我自己的某份保單為例，繳費二十年滿期以後會給付一筆「滿期保險金」，這筆「滿期保險金」就是生存保險；如果在接下來死亡，保險公司還得賠償一筆「死亡保險金」。因為生死合險具有「保障＋儲蓄」的雙重功能，所以深受臺灣民眾喜愛。

三種壽險

生存保險　　死亡保險　　生死合險

活著才賠　　活著不賠　　活著也賠

死亡不賠　　死亡才賠　　死亡也賠

保險應該以「保障為優先」

　　既然「生死合險」中的儲蓄險可以同時「保障＋儲蓄」，那不是太完美了嗎？然而，它的問題在於「保障跟儲蓄」之間沒有抓好平衡。以儲蓄跟保障的結構比例，可用一張圖說明民眾的迷思：

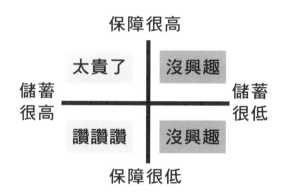

　　臺灣的儲蓄險就是圖中最後一種情況「儲蓄高，保障低」。收取相同保費下，保險公司想提高儲蓄，相對就得降低保障。這讓「生死合險」的保費結構，最終變成比較多的儲蓄，比較少的保障。

　　舉個例子，假設原本保費 100 元是「60 元儲蓄＋ 40 元保障」，為了提高儲蓄的效果，就把儲蓄提高到 70、80、90，而死亡保障就降為 30、20、10。許多商品累積繳交的保費，甚至比身故金高。國人壽險身故平均給付的理賠金額，多年不到六十萬。連死亡保障都如此不足，更不用說其他像是醫療、意外、癌症、失能、重大傷病等保障型保險了。

　　不是儲蓄險有問題，而是「儲蓄跟保障」之間不平衡。如果太過重視儲蓄，因而忽略到保障層面，造成發生不幸事故的時候保障不足，豈不就失去買保險是為了「轉嫁風險」的初衷了嗎？

　　金管會為了解決這種情況，在一〇八年十二月二十四日發表了一個重磅消息：要求保險公司必須提高「保障」的比例。這是將儲蓄與保障重新平衡的做法，把過高的儲蓄降下來，把過少的保障升上去。

買儲蓄險之前的四個重點

　　因為需要繳費，必須預先準備保費的這個動機，對某些人來說很重要，如果沒有需要繳交儲蓄險的需求，可能這筆錢就這麼花光了，而儲蓄險可以提供這些人一個儲蓄的「動機」。

　　但是在決定投保儲蓄險之前，希望你先問問自己以下四個問題：

1. 工作是否穩定：如果你的工作經常變化，這個月有工作、下個月沒有，代表你的收入不穩定，收入不穩定的話，繳交保費就會有壓力。儲蓄是以備不時之需，為了讓自己未來能夠安心。如果因為工作不穩定而造成繳費壓力，不就失去追求「安心」的初衷了嗎？所以，請先讓工作穩定下來再考慮儲蓄險。

2. 自己或家人的保障是否足夠：投保儲蓄險前，最重要的是「先讓自己的保障足夠，再去思考儲蓄的規劃」。儲蓄固然重要，如果保障不足，發生不幸事故時，辛苦多年的儲蓄可能會因此被風險全部吃光光，所以保障永遠都應該優先於儲蓄。讓保障型保險，成為儲蓄這條路上的擋箭牌、保護傘。

3. 有沒有六個月以上薪資的存款：每個人理財的第一件事，就是要想辦法存到「六個月收入」的存款當作緊急預備金。假設月收入是三萬元，那麼至少得擁有十八萬的存款才算及格。這筆收入存款是「緊急預備金」，是為了將來遇到緊急情況時預先準備的一筆錢。機車壞掉了需要買新的，你有錢

嗎?忽然無預警失業了,你有錢嗎?家人臨時病倒住院,你有錢嗎?如果沒有預留準備金,而把所有的錢都放在儲蓄險,萬一接下來發生意外,需要用錢該怎麼辦?保單解約可能會虧損到本金,保單貸款必須支付保險公司利息,兩者都不是很好的選擇,還是靠自己的存款比較妥當。

4. 是否確定一定期間內不會動用:如果工作穩定,保障足夠,手邊也有六個月以上收入的緊急準備金,想開始規劃儲蓄險還得通過最後一道關卡:時間。由於儲蓄險解約有可能會虧損到本金,所以一定得確定這段時間內,不會有需要解約的情況發生。這個「時間關卡」也是為了避開遇到緊急事故,不得已需要解約的流動性風險。在投保儲蓄險之前,請預先確定這筆資金,多久以內不會用到。以「躉繳」為例,這個時間通常是三年;以「六年期」為例,這個時間通常是六年;以「十年期」為例,這個時間通常是九年。

儲蓄險通過保單價值準備金,隨著時間的不斷翻滾,最終讓保價金慢慢上升。正是因為這個性質,所以才被稱為儲蓄險。也是目前最被重視的人身保險。

以上四個問題,則是用來評估每個人的風險承受能力。如果四題都過關,恭喜你,可以考慮規劃儲蓄保險。如果有其中一題不符合,建議你想清楚一點再做決定。如果有兩題以上不符合,代表現階段風險承受力低,先想辦法改善再考慮儲蓄險。

02 ｜ 投保定期險必須注意的重點

　　如果舉辦一場「保險話題」票選，討論度第一名應該是「定期險跟終身險哪個好？」。不過這篇不打算涉及這個戰場，而是單純來討論投保定期險，我們需要注意什麼。

定期險的優缺點

　　定期險的優勢，在於保費計算大多都採「自然費率」，也就是危險發生機率越高，保費就越高。因此，年輕人選擇定期險的保費會較低（因為發生機率也低），利用較少的保費買到需要的保障，達到低保費高保障的特性。不過，定期險也有需要注意的地方，主要是下列兩點：

1. 年紀越大，保費會越高：定期險年輕時便宜，這點沒有爭議。但相對地年紀越大時，保費也會跟著提高。投保定期險的朋友一定要對此有所認知才行（提醒：有少數定期險為平準費率）。

2. 有投保年齡的上限（大多為七十五歲左右）：定期險通常會設定一個承保年齡的上限，一旦超過就不再續保，屆時將失去保險的保障，這也是最多人的隱憂之一。

　　接下來，說段歷史故事吧，在《秦始皇：一場歷史的思辨之旅》這本書提到：在古代戰國時期共有七個國家，這是其中兩個國家所發生的故事，分別是最強大的秦國以及隔壁的韓國。秦國在當時國力強大，因此時常進攻周邊的其他國家。秦王打得很爽，但是在它東邊的韓國就首當其衝，因為每次秦始皇要出戰都會經過韓國。為了解決秦國老是侵略的問題，韓國決定一個策略，這個策略就是派一位最強的水利工程師到秦國，勸說秦王建立一個龐大的水利工程。

　　這對秦國有什麼好處呢？好處多了，因為韓國派來的是真的水利大師，當水利工程建好的時候，秦國的整體國力將會更加強盛，因此秦王當下就決定實行這項巨大的工程。那韓國為什麼要這麼做呢？因為這項工程太過繁雜，需要花費極大的人力及財力，秦國就沒有餘力再去攻打其他國家，這時韓國就可以解決老是被侵門踏戶的煩惱了。

　　我們停下來思考一下，韓國這個方法到底好不好呢？答案是：見仁見智。為什麼這麼說？因為秦國建立水利工程的時候確實無力分神攻打其他國家，韓國落得輕鬆。但，一旦秦國真的完成工程後，國力將更勝以往，屆時韓國受到的威脅將會更大。

　　所以韓國應該怎麼辦？他們應該趁著秦國忙得焦頭爛額的時候，趕緊加強自己的國力，將軍隊訓練得更精實，把防禦工事做得更精確。如此一來，即使秦國完成工程後國力大增，韓國也早就準備好了，要打就來誰怕誰。但如果韓國什麼都沒做，等到秦國工程結束，韓國將面對比過去更強大的敵人。

　　這個故事跟定期險有什麼關係呢？請將以下的名詞帶入，來看看另一種保險版本的故事。韓國就是「我們」，秦國就是「風險」，水利工程就是「定

期險」，做什麼事等於「理財」。

　　今天韓國（我們）老是受到秦國（風險）的威脅，所以韓國決定派人到秦國建立水利工程（投保定期險），這個時候秦國的問題暫時解決了（面對風險暫時有保障）。韓國這個時候應該做好準備（累積資產），如果什麼都不做（沒有存錢，也不投資），那麼等到水利工程完成（定期險的期限將近），秦國將帶來更強大的威脅（年紀變大，生病的風險變高，定期險的保費也更貴）。如果韓國在此時藉機增強自己的國力（專注理財），那麼等到工程完成後，即使秦國再來進攻，韓國也不再像過去那樣弱小了（累積資產越高，風險承受度越高，對保險的依賴性就越低）。所以簡單來說，水利工程只是一個暫時性的策略，就像是定期險保障一定期間，兩者的特性都是能夠「用時間換取空間」。

　　水利工程跟定期險，讓我們有「時間」累積資產，當資產越來越多的時候，我們的「空間」就越大。這個空間的意思就是韓國不再依賴水利工程，最後能夠獨立對抗秦國；而我們不再全部依賴保險，可以採取部分自留承受風險。

定期險不是萬能藥

　　定期險有投保年齡上限的問題，也有年紀越大保費越高的問題（自然費率）。就像是水利工程可以短暫解決侵略的困擾，但畢竟不是長久之計（秦國總是在那，風險不會因為年紀大而消失）。

　　在此提醒投保定期險的朋友，定期險的特性是保費便宜保障高，但相對地另一個特性是年紀越大保費越高。如果覺得投保定期險就萬事 OK，什麼事情都解決了，可能就會變成韓國那樣，即使用水利工程換到時間，也沒有

拿這個時間去換取更大的談判空間。

　　真實歷史故事裡，最後什麼都沒做的韓國，被秦國滅掉了。然而保險版本的真實殘酷故事可能會是：完全沒有理財累積資產的保戶，等到老年的時候沒有存下任何錢，還得面臨定期險老年的高額保費，以及年齡上限逼近，即將失去保障的問題。歷史已經告訴我們，什麼都沒做的韓國最終難逃滅國的命運。那麼我們能夠做些什麼呢？以下是我的兩個建議：

　　1. 盡可能地累積資產，增加自己的風險承受能力。記住，當我們的資產越多，對保險的依賴性就會越低。

　　2. 定期險很好，但它終究有投保年齡上限以及老年保費增加的問題。如果不正視這個問題，只是把風險往老年丟（心想反正我不一定會活到那麼老），那麼韓國的命運你已經知道了。

　　最後提醒，實際上規劃還是得依照每個人的狀況去做評估，這篇只是讓讀者在思考保險時有多一個看事情的角度。至於定期好還是終身好，事故沒發生前，誰會知道呢？

03 | 壽險不是為了自己，而是為了家庭

　　為什麼「壽險」對家庭非常重要？因為當自己或家人身故，若有提早投保「定期壽險」，就能得到宛如一場及時雨的幫助，不必在傷心之餘還得煩惱身故時的花費。但是，到底要買「多少」跟「多久」的保障才算足夠？

壽險以「可負擔原則」為主

　　壽險的需求會隨著年齡的不同而變動，例如剛結婚成家的年輕人和小寶寶剛出世的家庭，這個時候的壽險需求通常是最高的。因為，若是在這時遇到不幸的事故發生，影響到的將會是整個家庭。但無奈的是，這個時間點往往是經濟上最不寬裕的時候。有房子貸款、有車貸、信貸、就貸等等要背負，在所有食衣住行通通扣掉的情況下，能夠花費在保險上頭的預算，往往會少得可憐。

　　依家庭經濟支柱而言，保障足夠才是最重要的，因為保險最重要的是要在「需要」的時候買到足夠的保障。而隨著年紀越大，房貸漸漸還清，子女漸漸長大，這個時候壽險的需求會隨之降低。

　　因此，在有限的預算中，以「能力可以負擔」為前提，盡可能買到足夠的保障，是最重要的事情。若將來隨著年齡的增長，收入跟著增加的時候，再來考慮增加額度，這就是所謂的「可負擔原則」。

風險額度評估表

風險缺口	如何規劃
喪葬費用	國人平均喪葬費用 37.5 萬
負債／貸款（房／車／信／學）	自行評估
長輩養老費用	依照平均餘命自行評估
子女教育費用、配偶收入損失	依照每月支出自行評估
其他可能支出	自行評估

壽險額度評估的重點

壽險評估主要的依據為時間（負債會逐漸減輕）、責任（子女會開始賺錢）、定位（對這個家庭有無其他幫助），所以壽險的需求是會變動的，根據年齡、職業、收入、支出、負債、家庭因素等等，每個人的狀況不盡相同。我們該暸解的是觀念，而非死板的計算方式。

評估壽險額度最精確的方式，就是跟家中所有親人一起討論。因為這筆身故理賠就是留給這些人的，所以問他們最準。坊間有很多壽險保額的評估法，例如「雙十法則」、「六三一法則」等等，我是勸讀者看看就好，不要盡信。舉例來說，所謂的雙十法則，是指用收入的十分之一，來規劃十倍收入的壽險額度。例如甲的年收入十萬，就建議買一百萬理賠額度的壽險，乙的年收入一百萬，則規劃買一千萬的壽險。但是，若甲有房貸一千萬，乙卻沒有任何負債貸款，到底誰比較需要一千萬的保障？雙十法則在此顯然並不適用。

我建議的壽險額度評估分為五大重點，分別是收入、支出、負債、未來收入和提供勞務：

1. **收入**：就像《蜘蛛人》電影的名言「能力越大，責任越大」，一個人的經濟能力，是壽險評估的最大重點。

2. **支出**：活著的人要花錢，但死人會繼續花錢嗎？除了計算家庭負擔，這部分的支出也需要扣除。

3. **負債**：人若離開就一了百了，但債留妻兒就不應該了。有負債的人（不論是車貸、房貸、學貸），買壽險是你必須承擔的責任。

4. **未來收入**：前面提到能力越大責任越大，「現階段」沒有能力的人，不代表「以後」也沒有。

5. **提供勞務**：例如配偶持家，扶養維護家庭等，其勞務的重要性不會低於主要經濟收入者。

生活費評估：五大重點

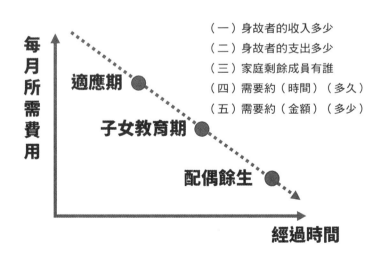

（一）身故者的收入多少
（二）身故者的支出多少
（三）家庭剩餘成員有誰
（四）需要約（時間）（多久）
（五）需要約（金額）（多少）

以我的家庭為例，用「責任」來分，我的規劃如下表（一○三年版本）：

成員	職業	年收入	年支出	責任	壽險
父親	司機	60 萬	20 萬	★★★★★	830 萬
母親	家管	0	10 萬	★	611 萬
我	業務	30 萬	15 萬	★★★	480 萬
弟弟	學生	0	15 萬	★	460 萬

以「未來收入」為重點思考的話，重新評估一次：

成員	職業	年收入	年支出	責任	壽險
父親	司機	60 萬	20 萬	★★★★★	830 萬
母親	家管	0	10 萬	★	611 萬
我	業務	40 萬 ✔	15 萬	★★★★	480 萬
弟弟	船員 ✔	100 萬 ✔	20 萬	★★★★★★	460 萬

為什麼弟弟的責任忽然變重了？原因在於弟弟日後工作是船員，年薪可達百萬，如果現在不幸身故，父親是否得延後退休？而我的部分因為是業務工作，所以薪資上會有成長性，如果未來收入提高，責任相對也會加重。所以，並不會因為一個人現階段沒有收入，或是收入不高，就不規劃壽險額度。再仔細看一下父親的部分：

我的家庭：父親壽險評估

風險缺口	如何規劃	建議額度
喪葬費用	國人平均喪葬費用 37.5 萬	40 萬
負債／貸款 （房／車／信／學）	房貸 120 萬／車貸 25 萬 保貸 250 萬／學貸 50 萬	445 萬
長輩養老費用	0 元（由我和弟弟支付）	0 元
子女教育費用、收入損失（扣除支出）	0 元 2.8 萬 ×120 個月	336 萬
其他可能支出	每月 3000×120 個月	36 萬
扣除已有保障	勞保 140 萬＋保險 830 萬	970 萬
最後評估	總計缺少 857 萬	保障 970 萬，額度足夠

父親的喪葬費用我抓四十萬，不過喪葬費建議能省則省，有個研究曾經提過，窮人之所以窮的其中一個原因，就是在死者的喪葬費花了太多錢，但卻沒想過把這筆錢留給活著的人。

同樣兩個家庭，一個家庭在喪葬費花了五十萬。另一個家庭只有花十萬，把剩下的四十萬省下來。如果能夠拿這筆錢去投資理財，以年均 5% 的報酬計算，四十萬在三十年後將會變成一百七十八萬。到底是沒在呼吸的人重要，還是仍需要辛苦生活的人重要，就留給您自己評斷了。

經過了六年，如果以「現在」我的家庭為例，用「責任」來分，我的規劃如下表（一〇九年版本）：

成員	職業	年收入	年支出	責任	壽險
父親	退休 ✔	0 ✔	10 萬 ✔	★	830 萬
母親	家管	0	10 萬	★	611 萬
我	業務	40 萬	15 萬	★★★	480 萬
弟弟	船員	100 萬	20 萬	★★★★★★	460 萬

再以「未來收入」為重點思考的話，重新評估一次：

成員	職業	年收入	年支出	責任	壽險
父親	退休	0	10 萬	★	830 萬
母親	家管	0	10 萬	★	611 萬
我	業務	60 萬 ✔	15 萬	★★★★★	480 萬
弟弟	船員	100 萬	20 萬	★★★★★★	460 萬

　　由於父親已退休，目前沒有收入，所以跟母親一樣責任降到最低。再加上生活花費也降低，所以支出這塊也要調降成十萬。再次提醒，沒收入不代表沒責任，像是母親雖然沒有工作，但辛苦付出的勞務，也是有「家庭責任」的。

　　而我因為業務工作的成長性，預計未來收入會慢慢增加，所以責任提升到五顆星。

　　看完了我自己的例子，我想讀者應該對於壽險額度的「多少」跟「多久」

有了初步的瞭解。這篇主要的內容是想提醒讀者「壽險」的重要性，還有壽險的額度並非只以被保險人的經濟能力做為考量的標準，而是必須以更加客觀且寬闊的角度去評估。

04 | 現在還年輕，不需要壽險？

　　你曾經這麼想過嗎？如果是的話，可以思考一下本篇提出的觀點，不一定要完全認同，我只是希望以不同的角度去分析所謂「年輕人壽險需求低」是否百分之百正確。因為「死亡」本身就會產生許多的費用，包含喪葬費用、生前各種醫療住院等費用、生前照護費用、其他間接的花費。

1. 平均喪葬費用為四十萬：這不是一般人可以輕易拿得出來的，過去因為社會組成主要為大家庭，兄弟姊妹可以平攤父母家人的喪葬後事。但現在社會結構主要是小家庭，或可能是連孩子都沒有的「頂客族」。若配偶一方忽然走了，卻沒有存款或是其他的配套措施，可能連辦身後事都會出現狀況。

2. 生前醫療住院等費用：根據論文資料統計，身故前六個月的花費會快速增加。以美國癌症患者為例，生前一年的花費跟其他患者相比高達六倍以上。因此死亡前的花費可能比你想像中來得高，這點若單純依靠全民健康保險，可能沒辦法達到讓人滿意的結果。

死亡並非一了百了

　　一個人身故之後，對於他親近的家人配偶的經濟和心理狀態的總體影響是非常大的。死亡的花費只是壽險能給予的其中一個幫助而已，最重要的是身為一個「人」的價值，以及理性與感性之間的考量。

　　美國人壽保險大師索羅門‧休伯納（Solomon Stephen Huebner）曾提出

「將人的生命價值概念，用來分析個人或家庭面對經濟上面的風險」。休伯納認為，每個人都有兩種財產，第一種是「已經擁有的財產」，第二種是「尚未擁有的潛在財產」。

當一個人扣除掉必要的生活花費，所多出來的收入就叫做「淨收入」，淨收入可能被一般人忽略。當時間能夠繼續轉動（生存），這個人就能夠將「尚未擁有的潛在財產」，轉變為真實的資產。所以越年輕的人，其「可能性」是越大的。「現在還年輕，所以壽險需求並不高」這個論點，我認為還有很大的討論空間。

人終將一死，只是不確定什麼時候

每個人對「死亡」這件事情看法不同，我並非想恐嚇「沒買壽險」就一定會怎樣，而是希望讀者能「正視死亡」。傳統觀念認為「死」不吉利，於是臺灣早期保險難以行銷，直到近來才漸漸有了進步，開始能夠接受保險，並且勇敢面對死亡這個不確定性的到來。我們全家都已經講好了，如果家中誰有一天遇到需要決定「救或不救」的狀態，該做什麼決定，這就是對「死」的一種面對。

我常跟保戶說：「一個人在四十歲、五十歲或六十歲死亡，同樣都是身故，但因為發生的時間不同，影響的程度卻天差地遠。」面對死亡這件事情，如何去做準備，做什麼準備，那是每個人風險管理上面的選擇。

「風險管理」聽起來很高深，但其實每個人都懂。你早上選擇坐捷運上班，是覺得可能會塞車，這就是一種風險管理，因為想避掉「塞車」這個風險（在無意中也避免車禍）。但「坐捷運」這個選擇，可能會面臨到的又是另外一個「未知」的風險。

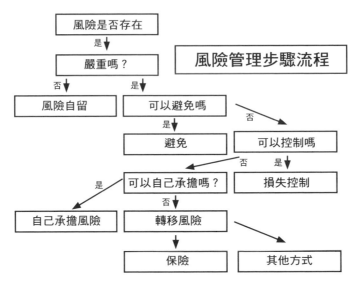

＊資料參閱：鄭燦堂《風險管理》

　　在瞭解事情的優缺點後，無須勉強別人順從你的意見。死亡這件事情也是，我常跟客戶提起定期壽險的重要性，因為它可以完成一種「階段性」的任務，並且不會造成太大的保費壓力。

　　但也很多人覺得自己不會那麼倒楣，願意賭一把。我不會說這些人錯，因為他們已經瞭解這個風險，評估以後願意接受這個風險，我又能夠說什麼呢？現代人最大的問題是，我們有時忘了人是會死的，今晚沒空陪父母吃飯，因為現在工作很忙，等賺夠錢再來孝敬父母。但生命是何等脆弱，看看網路新聞就會知道人命脆弱如螻蟻，死亡往往是突然降臨的。

　　不論你要不要買保險，請花點時間認真思考一下，如果不幸明天就死亡，對於經濟或家庭上的責任，你覺得自己該留下些什麼呢？

05 | 沒有收入的人需要壽險嗎？

　　「壽險」在保險的規劃上，占據了非常重要的一個部分，其中有些觀念非常重要，例如本篇探討的主題「沒有經濟收入，不代表不需要壽險」。那麼，誰需要保險呢？請把握一個原則：家庭經濟責任輕重，才是決定一個人保險需求高低的基準！

誰需要保險	視每個家庭情況不同而定
1. 收入最多	經濟支柱者（責任未了）
2. 未來收入	準備就業（即將擔起責任）
3. 影響收入	會影響經濟支柱工作的人（家人）

現在收入

　　現在擁有收入的人，是家庭中最迫切需要壽險保障的。原因無他，若是這個人因疾病或意外事故離開人世，整個家庭就會瞬間少掉這份經濟來源，必須被迫屈就於其他不得已的選擇（例如房貸繳不出來只好低價變賣）。

未來收入

　　這個就是此篇的重點！一個人現在沒有收入，不代表未來就不會有，這是屬於一種期望，例如父母栽培小孩讀完醫學系，難免期望未來這份醫師的收入可以替家裡分擔經濟責任，甚至讓父母能夠提早退休。這是一種屬於未

來的期望，如果小孩準備執業的那天卻不幸被車撞死，那麼父母不僅會有精神上的傷心難過，未來的經濟收入更會受到很大的損害。

因為這一筆經濟上的收入，是可以預期的。這在經濟學上是「機會成本」的概念。假設孩子未來一個月會拿兩萬元給父母當孝養金，以父母平均壽命剩餘二十年計算，至少累積有四百萬以上的孝養金。不過這屬於期待值，也是看不見的間接損害，這筆錢無法變現，也沒辦法拿得到。

所以我想強調是，不論你有沒有收入，都有可能是需要壽險的。我常聽到有人說：「我沒負債又單身，所以不需要壽險。」聽到這種話我內心都會翻白眼，然後請他想一想，自己身故前會不會有醫療花費、零雜花費、喪葬費用，以上這些錢其實都是家人要負責的，除非你真的完全沒有親人，否則每個人多少都會需要壽險。

再舉個例子，假設母親是家管，需要壽險嗎？當然需要。母親就算沒有實際上的經濟收入，但家中的打掃整理、先生小孩公婆的雜事管理，母親對於整個家庭中的犧牲與奉獻，是沒有辦法透過實際金錢的收支看出來的。母親照顧小孩有收保姆費嗎？幫家人洗衣服煮飯有收家政費嗎？

「家庭生活費用」是由「經濟能力」及「家事勞動」或其他情事共同分攤，由此可知，家庭主婦所帶來的「家事勞動」也是家庭生活費用的一部分，如果只看經濟收入的有無就斷定不需要壽險，實在過於武斷。

影響收入

這個範圍就比較廣了，任何可能導致收入損失，甚至影響到收入中斷的人，都有可能需要保險（注意：這裡講的不只是壽險），但這跟其他險種的關係較密切，例如醫療險、失能險、意外險、癌症險等等，可能會因為生病，

而造成收入上的損失,所以在思考保險時,得將身邊的家人「可能生病」的情況一起思考進去。

壽險比你想像的更重要

很多人不知道,其實壽險有涵蓋另外一個保障,就是「完全失能」(也有少數會給付其他等級失能)。

壽險的理賠有七種「完全失能」(「失能」舊稱「殘廢」,「完全失能」的定義請參照下表),一般人遇到重大意外不一定會身故,但遇到上面幾種失能狀況,可能會更慘,很多人擔心會拖累家人,所以買很多保險,但最重要的壽險和失能險卻沒有買,這真的是標準的因小失大。

項別	失能程度
一	雙目均失明者。
二	兩上肢腕關節缺失者或兩下肢足踝關節缺失者。
三	一上肢腕關節及一下肢足踝關節缺失者。
四	一目失明及一上肢腕關節缺失者或一目失明及一下肢足踝關節缺失者。
五	永久喪失咀嚼或言語之機能者。
六	四肢機能永久完全喪失者。
七	中樞神經系統機能遺存極度障害或胸、腹部臟器機能遺存極度障害,終身不能從事任何工作,經常需醫療護理或專人周密照護者。

你買的壽險保單中通常就會附上這項「完全失能(殘廢)程度表」。在一般壽險的保障範圍中,通常發生兩種情況會理賠,分別是「身故」(疾病或意外皆可)和「完全失能」。若你的壽險保額是一百萬,符合上述狀況就會理賠一百萬。理賠之後契約即行終止,簡言之「完全失能」跟「身故」兩

者通常只賠其中一項。

很多國人非常低估壽險，這讓我非常不解，他們通常覺得自己不會用到（因為是賠給家人），二方面是覺得沒有需要，但這種想法是錯誤的。我自己對於壽險的規劃一直很看重，也覺得這個險種是在遇到事故時，真正能夠幫得上忙的。無奈的是，這種身故才會領回保險金的險種，在臺灣的保額始終平均在六、七十萬左右。我之所以不厭其煩地重複勸說，也是希望有更多讀者重視這個險種，因為它比你想像的還要重要。

06 │ 不可不知的意外險基本觀念

「意外險」常常是許多人買保險的第一個選擇。但你知道意外險的保障內容是什麼嗎？又有什麼需要注意的地方呢？這篇就來說明，你該知道的意外險基本觀念。

意外險＝傷害險

其實「意外險」的本名是「傷害保險」，在保單上較常看到的會是「傷害」這兩個字，只要有看到「傷害」那八成就是意外險了。舉例來說：人壽意外傷害保險附約、人壽每次醫療傷害保險金限額……如果「傷害」後面還有「醫療」，請不要誤會，這還是意外險，只是理賠「意外事故造成」的醫療事故而已，所以不要以為有「醫療」兩個字就是醫療險。

只要是「意外事故」所致的，都叫做意外。但「是不是意外」這件事情，在所有保險爭議中是最難判斷的。舉個例子讀者就能清楚了，小明跌倒撞到頭了：A 情況，小明腦出血造成頭暈，然後跌倒，才撞到頭；B 情況，小明腳滑倒，然後撞到頭，才產生腦出血。一樣是跌倒撞到頭，什麼原因引起的就是重點。A 情況是屬於疾病所致的意外（先腦出血造成頭暈），而 B 則是意外所致的（滑倒）。只要知道哪個是「主要發生的原因」這樣就很好判斷，但事情沒這麼簡單。

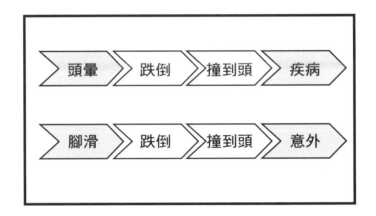

意外險理賠的三個要素

今天我們能夠客觀知道的只有小明「跌倒撞到頭」這件事實而已，但他是因為「頭暈」才跌倒，還是「腳滑」才跌倒，這點是非常難以界定的。如果你是小明，肯定主張自己是滑倒的。但保險公司的看法會偏向有可能先頭暈，所以雙方一定會吵成一團。那麼，該如何判斷是不是意外呢？這就要看形成意外的三個要素：

1. **外來性**：由外在力量所造成的，例如車禍。
2. **突發性**：短期間內所造成的，例如跌倒受傷。
3. **不可預料性**：當事人非自願的情況，例如闖紅燈被撞。

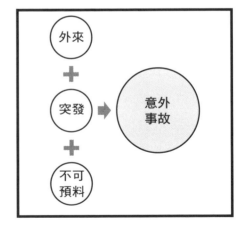

所以說，要符合「外來＋突發＋不可預料」才是意外險的理賠範圍。至於是不是意外，那就得遇到事情才能判斷囉！

意外險的三大重點

為什麼你會需要意外險？人在江湖跑，哪有不挨刀？只要你活著呼吸的一秒，都有可能面臨任何風險，就算在家裡看電視，也可能忽然掉下一架飛機造成致命傷害。所以只要稍微有風險意識的人，都會加保「意外險」，來補全自己遇到不幸意外的保障。例如近年常發生車禍爭議的外送員，不只是機車的相關責任保險要保，自己的「意外保障」更是重要。每天像趙子龍一樣七進七出，萬一發生事故卻沒有意外險，家人該怎麼辦呢？

以下是意外險的三個重點：

1. **意外身故、意外失能**：遇到意外死亡或失能，最高給付投保金額（例如投保一百萬，理賠一百萬）。

2. **意外實支實付**：超過全民健康保險的自費，可由意外實支實付支付（例如骨折打鋼釘五萬費用）。

3. **意外住院日額**：依照意外住院天數計算，住幾天賠幾千（例如一天兩千元，住院五天，理賠一萬元）。

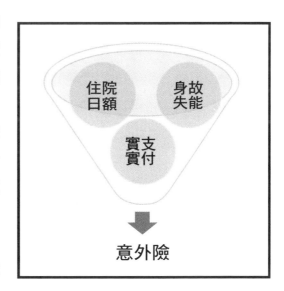

所以不論是意外造成的死

亡或失能，或是意外住院的相關花費，都可以透過意外險來得到保障。以下
整理出意外險適合族群：

意外險適合族群

意外身故 意外失能	意外實支	意外日額
·家庭經濟支柱 ·常在外騎車開車 ·年輕人 ·所有活著的人	·擔心高額自費 ·擔心骨折 ·擔心任何意外事故的人	·擔心骨折 ·擔心意外事故住院，就沒有經濟收入的人

　　另外，根據衛生福利部（衛生署）二〇一〇年的統計資料，男性意外死
亡率是女性的二‧六倍，所以在考慮意外險的時候，請多將這個考量放進
去。要注意的是，這只是發生機率，請勿以平均數當成參考的絕對，因為就
算99%發生在男性，還是有1%可能發生在女性。不論機率多低，若發生在
自己身上，對你而言就是100%。

變更職業要記得通知保險公司

　　意外險有一種其他保險所沒有的優勢，那就是「保費不會隨著年齡增
加」。意外險的保費計算，是依照職業類別來區分危險性，又稱為「職業等
級」。越危險的工作，發生事故的機率越高，收取的保費就越高。像是學生

跟建築工地的工人，兩者所處的環境危險性大不相同，若收取相同的保費會產生不公平的狀況，因此才需要以職業等級來判斷保費。

臺灣目前將「職業等級」分為一到六級。如果危險性高到無法承保，就會列入拒保類別。以下為職業等級的簡單介紹，投保時一定要仔細分辨：

第一級：內勤人員、學生、醫師

第二級：外勤人員、一般清潔工、電子工程師

第三級：精神科醫師、一般軍人、警察

第四級：水電工人、油漆工人

第五級：鷹架工人、救生員

第六級：砂石車司機、空服人員

拒保：爆破小組、遠洋船員、保鑣、危險特技演員

另外提醒讀者，如果轉換工作性質，記得通知保險公司。假設原本是學生，畢業後決定去開計程車，因為兩者的危險性大不相同，該收的保費也會不同。如果當司機後不幸發生事故，保險公司可能就會將理賠金打折（因為收到的保費不夠）。所以轉換職業，請記得一定要通知保險公司喔

意外險，該注重的是「失能給付」

意外險的保障項目很多，舉凡意外身故（非由疾病引起突發事故所致死亡）、意外失能（非由疾病引起突發事故所致失能）、燒燙傷、骨折和醫療（日額給付和實支實付）都包含在內。

這些保障項目中，重點是「失能給付」的理賠額度，保額若買太低，意

外險最重要的功能就無法完全發揮,在遇到失能事故時,也無法給予需要且足夠的幫助。保險不是有買就好,還必須買夠。建議讀者趕緊拿起手上的保單查看,是否有將保障做足。舉例來說,如果只保一百萬的意外險,遇到五級失能(一上肢肩肘及腕關節中,有兩大關節以上缺失者)的理賠金額(60%),只獲得賠償金額六十萬,那麼接下來的人生該怎麼辦?

07 ｜扭傷，意外險會理賠嗎？

　　扭傷在意外險理賠時常會碰到，但保險公司卻可能以「扭傷不是意外事故，是自己扭到的」這種理由來拒賠，也因此出現「診斷書不能寫扭傷，要寫挫傷才會理賠」的說法。這篇我會說明自己的看法，讓讀者瞭解扭傷到底可不可以理賠。

意外事故的三大條件

　　要判斷是不是意外事故，必須根據三大條件來看，同時符合才算意外險的理賠範圍。以下是意外險的三大要素：

1. **外來性**：由外在原因所產生的，例如蚊蟲叮咬、動物咬傷、車禍撞擊、工作受傷等，因為外在原因所產生的傷害。如果是由內在原因所造成，例如感冒、細菌感染、器官老化、疾病等，這些就不具備外來性。

　　然而，外來性的解釋上，並不能以「有沒有外傷」來做為判斷標準。即使沒外傷，也是可能具備外來性的。例如中暑是由於外在環境溫度太高所造成的，雖然表面沒有傷口，但中暑也是具備「外來性」（外在溫度）的喔！

2. **突發性**：基本原則是，事情在短期間內快速發生，並非累積一段時間所造成的。例外是，要看被保險人可否預期。舉例來說，車禍遭到撞擊骨折，這就是「基本原則」的突發性，因為是短時間內發生的，但「例外」是指，今天車禍撞擊，我覺得人沒事，結果一個星期以後才發現身體內出血。這時

111

雖然已經經過一段時間，但事情的發生不在當事人的預期內（誰知道一個星期以後才隔山打牛變內傷），所以在不可預期的情況下，這樣也具備「突發性」。

3. **不可預料性（非自願）**：「不可預料性」主要是排除「故意」行為。例如被保險人明知道喝農藥會死，還是喝下去，這樣就不具「不可預料」。因為誰不知道喝農藥會死？但是，一個小孩真的不知道喝農藥的後果而不小心喝了，因為具備「不可預料性」，意外險還是得理賠喔。例如有個真實新聞是大學生跟朋友打賭敢不敢吃蛞蝓，他勇敢地吃下後就終身殘廢了，這個事故也具備了「不可預料性」，因為誰知道吞蛞蝓會發生這種狀況？所以「不可預料性」要看到底是不是「明知故犯」，已經知道結果還要去做的，意外險就無法理賠囉。

但是，例如騎機車出門，大家都會預料可能會有車禍的危機，這樣可以說發生車禍不具「不可預料性」嗎？當然不行。預期可能會車禍，不代表「自願」想要發生車禍啊！就像闖紅燈，大多數人預期可能會有相當的風險，但應該沒有人會認為「這次闖過去，一定被撞死」。正常人如果知道這個紅燈闖過去，會被撞個稀八爛，那他一定不會闖。會闖，就是代表「我覺得不會有事」。所以，即使闖紅燈是「可預料」的危險行為。但會不會被撞，會不會發生事故，仍然是不可預料的。所以第三點「不可預料性」的判斷標準就是，「我認為事情不會發生，但還是發生了」。

如何判斷扭傷是否為意外？

首先，傷口主要分成兩大類，依照皮膚或黏膜是否受損做為判斷標準。開放性傷口是指擦傷、切傷、穿刺傷等等，在皮膚表面看得到傷口的，也就

是所謂的「外傷性」。閉鎖性傷口則是扭傷、挫傷、脫臼等等，皮膚表面沒有傷口破損的。

這下子問題就來了，為什麼「扭傷跟挫傷」一樣是閉鎖性傷口，但扭傷卻被說不賠？挫傷是皮下血管出血，也就是所謂的「瘀血」，為什麼保險公司有時候會要求寫「挫傷」才理賠？因為挫傷通常是遭到「撞擊後」所產生的，不論是自己跌倒或是撞到外物，都有可能產生挫傷。但「扭傷」大多是自己走路或搬重物所致，所以通常拒賠的說法是「這是你自己扭到的，不具外來性，所以不賠」。

這樣的說法合理嗎？當然不合理！試著想像一下，一般人腳扭傷的狀況應該是「走路→重心不穩→扭到」這樣的順序。再想像另一種情況，「有人爬牆摔下來，踩到地板的瞬間，重心不穩，造成小腿骨折」。如果你認為這樣是意外，那麼這跟走路腳拐到，差異在哪裡？一般人走路頂多離開地面十五公分，從高處跳下來可能有兩、三公尺。為什麼兩、三公尺的就覺得是意外，十五公分的就不是意外？難道「兩、三公尺」就有外來性，而「十五公分」就變成沒有外來性？

再舉個例子，「不小心墜樓死亡」絕對是意外事故。那請思考一下「墜樓死亡」這件事情的「外力」是什麼？是地面自己跑過來撞人嗎？還是人自己跑去撞地面？如果不是地面「主動」跑過來撞人，也不是人「自己想要」去撞地面，那麼到底是「什麼力量」造成死亡的？看到這邊你應該會發現，「腳扭傷不具備外來性」這種說法根本禁不起檢驗，因為腳扭傷的外來性就是「地心引力」。一般人走路重心不穩，通常只是扭傷；兩、三公尺跳下來沒踩穩，可能就是骨折了。受傷的原因不是什麼撞擊力量，而是地心引力所造成的反作用力。

　　所以不論是「爬牆摔下來扭到腳」或「走路拐到」，都應該符合意外險的理賠範圍。不要再信聽「腳扭傷是自己造成的，所以不賠」這種說法。腳扭傷跟挫傷一樣，都是屬於閉鎖性傷口，不用特地去請醫師改診斷書，請直接以扭傷申請理賠即可。當然，實務理賠爭議依照個案狀況而定，文章內容是針對理論上的討論參考，並非代表絕對的理賠標準。

08 | 為什麼需要失能險？

　　你知道人生最大的三個風險是什麼嗎？一是走得太早，家人受苦；二是活得太老，自己受苦；三是走不掉時，自己跟家人一起受苦。所以，每次跟讀者或朋友談保險，我一定會重複提起「老、病、死、殘」這四個字和其對應到的保險種類。

　　老：沒錢貧困（年金險、養老險）
　　病：生病花費（醫療險、重大疾病險、癌症險）
　　死：一了百了（壽險、意外險）
　　殘：拖累全家（失能險、意外險、壽險）

身心障礙者的定義

　　不過，以上四個狀態還是有等級之分。「老病死殘，請選出一個你最擔心的。」通常95％的人都會回答「殘」。到底為什麼這麼可怕？首先，我們先來瞭解什麼是身心障礙者，它涵蓋的範圍非常廣，凡跟人體有關的器官，從眼睛到平衡感，從生理到心理，只要有符合的事項發生，都是會被歸類為身心障礙者的。根據「內政部身心障礙服務入口網」的定義：

　　身心障礙者是指下列各款身體系統構造或功能，有損傷或不全導致顯著偏離或喪失，影響其活動與參與社會生活，並經相關專業人員組成之專業團隊鑑定及評估，領有身心障礙證明者：

　　一、神經系統構造及精神、心智功能。

　　二、眼、耳及相關構造與感官功能及疼痛。

　　三、涉及聲音與言語構造及其功能。

　　四、循環、造血、免疫與呼吸系統構造及其功能。

　　五、消化、新陳代謝與內分泌系統相關構造及其功能。

　　六、泌尿與生殖系統相關構造及其功能。

　　七、神經、肌肉、骨骼之移動相關構造及其功能。

　　八、皮膚與相關構造及其功能。

　　而身心障礙者的分級與鑑定標準，根據「身心障礙者服務資訊網」，一共分為四個等級：輕度、中度、重度、極重度。

視覺障礙	視覺或平衡機能障礙	聲音或語言機能障礙
肢體障礙（上肢）	肢體障礙（下肢）	肢體障礙（軀幹）
顏面損傷	植物人	失智症
自閉症	染色體異常	先天代謝異常
其他先天缺陷	多重障礙	慢性精神病患者
智能障礙	頑性（難治型）癲癇症者	因罕見疾病而致身心功能障礙者
重要器官失去功能（心臟）	重要器官失去功能（肝臟）	重要器官失去功能（肺臟）
重要器官失去功能（腎臟）	重要器官失去功能（造血機能）	重要器官失去功能（吞嚥機能、胃、腸、膀胱）

＊來源：身心障礙者服務資訊網

接下來要談的，就是這些身心障礙者在生活上可能產生的各種需求，藉此資料下去衡量哪些是最壞的可能性。只要對於最糟糕的情況有基本的認知，那麼要去評估保險就很容易了。

根據「中華民國一○○年身心障礙者生活狀況及各項需求評估調查報告」，臺灣身心障礙等級統計的人數和比例如下（以下失能等級對照非絕對依據，會依照失能項目而有所不同）：

失能程度	失能等級	給付比例	理賠金額
兩上肢腕關節缺失者	1	100%	100 萬
兩上肢肩、肘及腕關節均永久喪失機能者	2	90%	90 萬
膀胱機能永久完全喪失	3	80%	80 萬
一目失明，他目視力減退至 0.06 以下者	4	70%	70 萬
一上肢肩、肘及腕關節中有二大關節以上缺失者	5	60%	60 萬
一目失明，他目視力減退至 0.1 以下者	6	50%	50 萬
雙手兩拇指均缺失者	7	40%	40 萬
一手拇指及食指缺失者	8	30%	30 萬
鼻部缺損，致其機能永久遺存顯著障害者	9	20%	20 萬
一手拇指或食指及其他任何手指共有三指以上永久喪失機能者	10	10%	10 萬
一手拇指及食指永久喪失機能者	11	5%	5 萬

＊資料出處：失能程度與保險金給付表

輕度：37.97％，41.1 萬人（可能是 7 － 11 級失能）

中度：33.28％，36.1 萬人（可能是 5 － 7 級失能）

重度：17.62％，19.1 萬人（可能是 2 － 5 級失能）

極重度：11.14％，12.0 萬人（可能是 1 － 2 級失能）

調查顯示，身心障礙者意外發生的時間點，在四十五歲以上的占了 70％，也就是說大多數人遭遇失能的狀況都是在四十五歲以上，甚至六十五歲以上的還占了最高的 36％。前文提過，風險有三種不確定性：不確定會不會發生，不確定什麼時候發生，不確定發生的結果是如何。如果你的失能險只保障到六十五歲，先不去討論老年保費增加的問題，只要思考一個問題就好：萬一六十六歲的時候失能，該怎麼辦，風險自負嗎？而且，失能的風險並不像醫療那般有全民健保可以幫忙擋住大部分的支出，失能還需要長期照護，動輒幾十萬甚至百萬起跳的花費，真的有那麼容易用「風險自負」輕鬆帶過嗎？

不確定

會不會發生
（可能會）（可能不會）

什麼時候發生
（1 年後）（10 年後）（50 年後）

發生的結果是什麼
（1 萬）（10 萬）（100 萬）（1000 萬）

　　根據資料顯示，六十五歲以上的身心障害者，只有 40％可以自我照顧，另外的 60％需要他人協助。而照顧的責任就分別落在配偶、子女、看護和社工身上，其中看護跟配偶更是占了將近六成。意思是每十個身心障礙者，就有六個人無法照顧自己，這六個人當中就有兩個人會需要請看護。外籍看護平均每個月要一萬七到兩萬二，一年光是看護支出至少就得花二十萬，你有這筆錢可以請看護去照護父母（或父母有這筆錢去照顧你）嗎？

　　根據民國九十五年和一○○年的調查，台灣身心障礙者需要照護的時間，三十歲到六十五歲需要全天二十四小時陪在身邊照顧的有 30％；六十五歲以上攀升到了 40％，平均照顧要長期十三個小時以上。如果家中經濟不錯，或是有保險的轉移，可能還不會這麼恐怖。但是對於一個經濟原本就有問題的家庭，只要出現一個身心障礙者，這個家庭很可能就因此垮掉了。

　　在調查資料裡，身心障礙者家中工作的人數，六十五歲以上高達 23.26％是無人工作的，我想這 23.26％的家庭應該已經被風險破壞得差不多了。沒有工作等同沒有收入，沒有個人生活之外，還得照顧一個老邁的家人，這是非常可怕的事。

　　關於每月的花費，調查顯示，絕大多數的身心障礙者每月開支落在兩萬元到四萬元之間。如果是植物人，甚至高達 30％的家庭每個月得支出六萬元以上。長期照護的平均時間為十年，以平均月支出兩萬元到四萬元來看，家中如果出現一個比較嚴重的身心障礙者，可能就會造成五百萬以上的支出負債！在身心障礙者的家庭中，收入支出打平的占 41.82％；支出大於收入的占 45.91％。也就是說高達近九成的家庭經濟狀況都是有問題的。這個數據讓我非常驚訝，如果連這個數據都無法讓你去重視所謂的失能險，我會更驚訝。

　　對於身心障礙者來說，絕大多數還是希望由家人去照顧的，但如果家中

沒有多餘的人力去賺錢（回顧前面的工作人數），自然也沒有錢去請看護，所有的責任都得由家人扛。但是，能扛多久？失能的風險真的有那麼好扛？

　　從這張圖表可以看出，有將近六成的失能是由疾病所造成的，只保意外險真的可以轉移這塊巨大的風險嗎？請務必多加請重視「疾病與意外皆可給付」的失能險，這是能夠針對身心障礙這塊缺口，產生轉移效果的險種。不要只將所有的心思都花在醫療險上，請慎重規劃自己跟家人的失能風險吧！

造成身心障礙者的原因

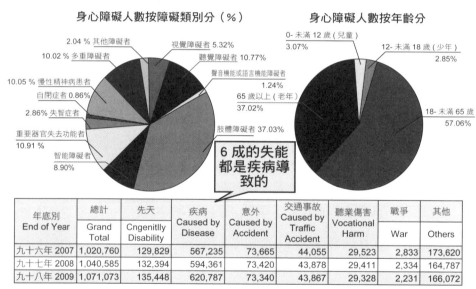

身心障礙人數按障礙類別分（%）

視覺障礙者 5.32%
聽覺障礙者 10.77%
聲音機能或語言機能障礙者 1.24%
肢體障礙者 37.03%
智能障礙者 8.90%
重要器官失去功能者 10.91%
失智症者 2.86%
自閉症者 0.86%
10.05 % 慢性精神病患者
10.02 % 多重障礙者
2.04 % 其他障礙者

6 成的失能都是疾病導致的

身心障礙人數按年齡分

0- 未滿 12 歲（兒童）3.07%
12- 未滿 18 歲（少年）2.85%
18- 未滿 65 歲 57.06%
65 歲以上（老年）37.02%

年底別 End of Year	總計 Grand Total	先天 Cngenitlly Disability	疾病 Caused by Disease	意外 Caused by Accident	交通事故 Caused by Traffic Accident	聽業傷害 Vocational Harm	戰爭 War	其他 Others
九十六年 2007	1,020,760	129,829	567,235	73,665	44,055	29,523	2,833	173,620
九十七年 2008	1,040,585	132,394	594,361	73,420	43,878	29,411	2,334	164,787
九十八年 2009	1,071,073	135,448	620,787	73,340	43,867	29,328	2,231	166,072

資料來源：直轄市、縣（市）政府。

面對失能需求，你需要失能險

「失能程度與保險金給付表」（詳見 117 頁）是以失能的嚴重程度，加以區分等級跟給付比例。因此在表格中可以看到每個肢體器官的失能程度，會對應到一個等級，其後面的數字就是給付的比例。

我自己的意外險保額是一千一百萬元、壽險七百萬元和駕駛人傷害險五百萬元。當然我希望這輩子都不會用到，之所以如此規劃，考量點在於我常常要開車或騎車找客戶，而且我知道自己騎車速度較快，所以在駕駛人傷害險的部分另外投保了五百萬（當然，治本的方法還是騎慢一點）。

PART

4

醫療險與實支實付
全攻略

01 | 父親中風了？我的親身經歷

在開始講述專業的醫療險知識之前，想先跟讀者聊聊我的切身之痛。

「腦中風」這個名詞，對我來說非常可怕，十年前我還在當兵時，有一天休假回家，看到母親在廚房煮水餃。我很開心地跑過去說：「我回來了。」只見母親不發一語，看著煮沸的熱水，過了一會說：「再等一下就可以吃了。」她說這句話的時候，完全沒有看著我。我發覺好像有什麼事情不太對勁，一問之下，母親才紅著眼眶說：「你父親剛才忽然中風，現在人在醫院，煮完水餃就要趕快過去了。」

父親中風了？聽到這邊我不禁愣住。怎麼會這樣，那個看起來很健康的父親怎麼會忽然就中風了，一時之間，所有關於中風的恐怖想法在我的腦袋中百轉千迴。

原來保險不是什麼都賠

我就讀的是物理治療科系，非常清楚中風對個人、甚至整個家庭會有多大的影響。在醫院裡，看到父親用無奈的表情對我們笑了一下，這個笑容因為中風而不是那麼自然。醫生說他很幸運，輕微中風的後續生活不會受到影響，只是動作反應會慢半拍。另外也要我們得注意二次中風，如果再次引發，結果不堪設想。

父親笑笑地跟我們說沒有問題，他很快就可以出院回到工作上了。他試圖表現堅強的一面，但我還是擔心，忽然想到自己還沒退伍，弟弟正在讀

書，母親也因為腰傷的問題沒辦法工作，這個家庭該怎麼辦？我頓時陷入一片恐慌，不斷地想著未來的出路。就在這個時候，我想到了保險，問母親說：「父親不是有買很多保險，趕快聯絡保險業務員啊。」

母親說：「父親買的醫療險只有住院的時候才會賠。重大疾病險的腦中風，也要比較嚴重的狀況才會理賠。現在只是輕微腦中風，沒有符合理賠標準。」這個時候我才知道，原來保險不是什麼都賠，原來中風也有分程度。這個經驗實在是太可怕了，就連打下這些文字的現在，我都還感到背脊一陣發涼。如果父親當時是比較嚴重的中風，甚至引起二次中風，那就不是這麼簡單就能度過的危機了。

住院花費與出院花費

中風的病患不一定會住院很久，但「出院後」多少都會對自己或家人造成生活上的不便與困擾。這些出院後的風險，是住院醫療險保障不到的。

很多人擔心醫療風險，於是買了很多醫療險，但對於失能扶助險、重疾險、重大傷病險等，這類也是非常重要的險種卻不放在心上。請再次重新審視自己的保單，只有醫療險是絕對不夠的。沒有人希望自己會用到，但有需要用到的時候，你一定要有的東西，就叫做「保險」。

幸好最後父親恢復良好，跟一般正常人無異，沒有理賠到「那麼嚴重的腦中風」，我們一家真的非常幸運。誰也不希望領到這筆保險金，你說對吧？希望我的親身經歷，能給你一點感觸。在承受能力很弱的時候，請務必一定要擁有保險的保護。

如果父親當時不幸倒下，那麼家裡除了三個無法工作的人，還要再照顧一個中風的病人，或許讀者就看不到現在這篇文章了，因為我選擇的人生道

路在巨變後很可能會完全不一樣。希望這篇文章，能夠喚起你對保險的重視，也希望讀者瞭解風險無處不在，在能力範圍內，用確定的小保費，去轉移不確定的大風險，才是保險的真義。

02 | 洗腎有什麼保險可以理賠？

臺灣目前洗腎人口約八萬多人，發生率排名為世界第一，被稱為洗腎之島。所以針對「洗腎」的保險理賠是一件相當重要的事。

目前針對洗腎，有可能會符合的有下列五大險種：重大疾病險、重大傷病險、失能扶助險、長期照顧險和醫療險。

重大疾病險

首先可能符合理賠的就是「重大疾病險」，這個險種歷史悠久，談到洗腎許多人第一個聯想到的就是它。然而重大疾病險在二〇一六年有做一次統一的修正，把原本的「尿毒症」改為「末期腎病變」。

重大疾病險的理賠大多屬於「一次性給付」，也就是投保一百萬額度，確定符合後就理賠一百萬，只賠一次，契約就終止。所以在保險規劃上，通常將重大疾病險視為「事故剛發生時」的一筆前期救助金。這是洗腎第一個可能理賠的保險。

重大傷病險

重大傷病險是比較新的險種，同樣是屬於「一次性給付」的方式。理賠認定很簡單，只要符合健保重大傷病的標準即可（有除外項目需注意）。這也是我目前非常推薦規劃的險種之一。（＊詳見 131 頁〈重大疾病、重大傷病、特定傷病的差別〉

在健保的標準中，洗腎可能申請到的有兩種，分別是「永久期限」和「三個月期限」。在健保的認定上，如果暫時無法認定是否需永久洗腎，可能就會先給予「三個月期限」的重大傷病證明。等到確定為「不可逆尿毒症」後，才會發予「永久期限」的證明。

這邊就要談到「重大傷病險」的優勢了。不論是「永久」或「三個月」，只要有健保重大傷病的證明，就可以申請保險金了。重大傷病險的認定非常簡單明確，因此可預期理賠爭議也較少，是第二個可能理賠洗腎的險種，也是我非常推薦的險種之一。

失能扶助險

談到失能扶助險（以前稱殘扶險）可能會讓有些人訝異，「洗腎」也可能符合失能？沒錯，洗腎是可能符合失能的。在失能扶助險中，有一個項目叫做「胸腹部臟器」，在裡頭的泌尿器官就有談到「腎臟」，所以洗腎當然有可能會符合失能扶助險的理賠。

長期照顧險

長照險的理賠標準是「狀態的認定」，也就是說它是以「某一段需要照護的時間」來做判斷。如果醫師判斷，因洗腎的原因造成「生理功能障礙」，就有可能符合理賠標準囉！

六項日常生活自理功能	巴式量表	分數
(1) **飲食**－需他人協助，才能取用食物	進食	0～5
(2) **移位**－需他人協助，才能移位下床	上下床或椅子	0～5
(3) **如廁**－需他人協助，才能完成如廁	上廁所	0～5
(4) **沐浴**－需他人協助，才能盆浴沐浴	洗澡	0
(5) **移動**－需他人協助，才能操作輪椅	平地行走	0
(6) **更衣**－需他人協助，才能穿脫衣褲	穿脫衣服	0

＊上述分數僅供參考，請依照個案事實判斷

醫療險

　　你看到醫療險是不是一頭霧水，醫療險怎麼會理賠洗腎？事實上，醫療險真的會理賠洗腎，不過要看你的條款有沒有就是了。

　　醫療險的理賠原則是「要住院才賠」，所以許多人都認為醫療險不賠洗腎。但在很久以前，曾經有保險公司推出可以理賠洗腎的醫療險喔！只要出院後再到醫院接受洗腎治療，就可以按日理賠一筆「洗腎保險金」。但後來因為洗腎人數大增，這類商品也漸漸絕種。所以不能說醫療險不賠洗腎，只是你沒買到這種保單而已。

　　以上介紹了五種可能理賠洗腎的險種，包含前期一次性給付的「重大疾病險」、「重大傷病險」，嚴重時給予幫助的「失能扶助險」、「長期照顧險」，還有現在已經絕版的「洗腎醫療險」，你的保單規劃了哪幾種呢？

　　保險只是事後的彌補，理賠再多保險金也無法換回健康的身體，所以在關心洗腎的保險規劃之餘，更重要的是好好控制飲食，照顧好自己的身體，這才是根本之道。

03 | 重大疾病、重大傷病、特定傷病的差別

　　重大疾病險、特定傷病險、重大傷病險，你是否常被這三個名詞搞混，不知道該如何分辨？這篇教你如何簡單判斷這三種保險。

重大疾病的三種分類

1. **重大疾病**
   傳統的七項重大疾病（癌症、腦中風等）

2. **特定傷病**
   項目眾多，含阿茲海默症、帕金森氏症等

3. **重大傷病**（健保）
   依健保發的重大傷病卡做標準，範圍廣泛

重大疾病險

　　一般說的「重疾」，就是傳統的七項重大疾病，包含「心肌梗塞、冠狀動脈繞道手術、腦中風、尿毒症、癌症、癱瘓、器官移植」等。但二○一六年開始修訂新的條款，因此現在投保的都是「新制」的重疾險。把分類變成甲型（只有「重度」）跟乙型（「輕度」＋「重度」）。對甲型跟乙型而言，因為乙型的保障範圍較大，所以保費也會比較高。

```
重度（甲型）
保費較便宜
─────────────
輕度 + 重度（乙型）
保費較高
```

現在劃分成這樣的缺點就是，想單純買輕度的保戶只能選擇乙型，卻要同時負擔（重度）的保費。我認為在規劃上應該要多增加一個「丙型」，單純保障（輕度），這樣才能讓保戶擁有更多選擇，而不是只把選擇分成兩項，讓只想買輕度的人也得連重度一起買下去。

特定傷病險

特定傷病險（特傷）指眾多疾病，例如「阿茲海默症、帕金森氏症、猛暴性肝炎、肝硬化」等。疾病項目非常多，有十六項也有二十八項的，每家保險公司的「特傷」項目都不太相同。其中有些「特傷」會將第一種的「重疾」列入保障範圍。

許多人會把「特傷」跟「重疾」搞混就是因為這樣，但其實沒那麼複雜，主要分為三種：一、含重疾的七項；二、不含重疾的七項；三、含重疾六項，但不包括癌症。

「特傷」雖然看似項目眾多，但內容條款並非想像中容易。如果想投保此類險種的朋友，建議仔細審閱條款的理賠難易程度再做考慮。

重大傷病險（健保）

這算是目前最新型的重大疾病險種，由健保的「全民健康保險重大傷病範圍」來做理賠的判斷標準。保障範圍相當廣泛，也是我目前會推薦的險種。

簡單來說，過去健保會對某些需要長期治療的疾病發一張卡，拿這張卡就可以免去部分負擔的費用，這張卡片就是俗稱的「重大傷病卡」（但目前已經沒有實體卡片了，都是在健保卡中直接註記符合重大傷病）。重大傷病險採取概括式的條款，理賠範圍為「全民健康保險重大傷病範圍」裡面的項目，但有針對幾項「不保」的項目特別列出：

先天性凝血因子異常；先天性新陳代謝異常疾病；心、肺、胃腸、腎臟、神經、骨骼系統等之先天性畸形及染色體異常；先天性免疫不全症；職業病；先天性肌肉萎縮症；外皮之先天畸形；早產兒所引起之神經、肌肉、骨骼、心臟、肺臟等之併發症

不論是傳統七項的「重大疾病」，還是五花八門的「特定傷病」，又或者是最新型的「重大傷病」，上述三種保險大部分都是屬於「一次性給付」的保險。也就是在發病後就給一筆保險金可以安心治療，這在罹患疾病的前期非常重要。不過，三者間的內容還是有所差異，建議讀者在投保時要謹慎閱讀，看清楚條款，最好問明白其中的差異如何，才能夠選到你自己心中想要的保障。

04 | 「重大疾病險」全攻略

　　你常聽到「重大疾病」，卻不曉得重大疾病的內容是什麼嗎？目前市面上的重大疾病險，又稱為「重疾險」，主要分成七個項目，分別是：一、急性心肌梗塞；二、冠狀動脈繞道手術；三、腦中風後障礙；四、末期腎病變；五、癱瘓；六、癌症；七、重大器官移植或造血幹細胞移植。

- 急性心肌梗塞（輕度）
- 冠狀動脈繞道手術
- 腦中風後殘障（輕度）
- 末期腎病變
- 癱瘓（輕度）
- 癌症（輕度）
- 重大器官移植手術或造血幹細胞移植

　　重大疾病險的理賠方式很簡單，不同於「日額給付」或是「實支實付」，大多屬於「一次性給付」的方式。例如投保額度為一百萬，確定符合重大疾病的項目與條款後，就能一次性理賠一百萬。我整理了「重大疾病險」的強大功能，主要是以下四項：

1. **提供家庭資金**：一次性給付，幫助維持家庭經濟。

2. **減輕醫療負擔**：應付住院時的醫療自費和特殊藥物。

3. **支付照護費用**：家人往來醫院或請假的費用。

4. **給予安全感**：保險最重要的功能，提供安定感。

　　但要注意，理賠一筆錢之後，契約就終止了，無法續保。所以即使發生第二項的重大疾病也無法理賠喔（但有極少數的重疾險設定為可以理賠第二次的項目，這不在討論範圍）。重大疾病在二〇一六年一月一日有更新版本，區分成「新版」跟「舊版」兩種重大疾病。因為資訊量有點多，建議讀者可以到我的網站選擇有興趣的項目觀看即可。

　　重大疾病險是過去許多人用來規劃的商品，透過一次性給付，一次理賠上百萬的金額，可以讓人安心養病。不過目前新型態的「重大傷病險」，配合健保重大傷病的標準。也是我非常推薦的險種之一，建議讀者在考慮重疾險時，也可以評估看看重大傷病險的規劃。希望這篇能對想瞭解「重大疾病」的朋友，有些許幫助。

＊新版重大疾病險：甲型乙型條款分析

05 | 癌症,該選「重大疾病險」還是「癌症險」?

大家都知道癌症是十大死因之首,現在每五分鐘就有一個人發生癌症,每四個人就有一個人得到惡性腫瘤,標靶藥物一年幾百萬。

目前針對癌症的保險主要分為兩種,分別是「重大疾病險」(傳統的七項疾病)和「癌症險」(又稱防癌險),本篇將著重分析兩者的功能性與優缺點(醫療險暫不列入討論範圍)。

癌症險跟重大疾病險的差異

險種	癌症險	重大疾病險
給付項目	(1) 初次罹癌 (2) 住院／門診／化放療 (3) 身故 (4) 其他:骨髓移植	**七項重大疾病** 心肌梗塞／腦中風／**癌症** 癱瘓／慢性腎衰竭(尿毒症) 器官移植／冠狀動脈繞道手術
優勢	**對抗癌症長期治療的狀況** 可提供較廣泛的保障	**患病初期即拿到一筆保險金** 不必收集單據等,爭議較少
缺點	多數癌症險 初次罹癌一次性給付低 **初期無法給予必要的幫助**	若無正確的管理保險金 這筆錢可能在不知不覺中用完 **長期治療下額度可能不足**
總結	挑選一次性給付高 門診給付高的癌症險	可用癌症險為輔助 兩者相輔相,長短治療適用

＊圖片僅供參考,實際契約內容依各公司條款為主。

「癌症險」的優勢在於長期治療

　　癌症的治療短則半年結束，也有長達數年之久，雖然多數癌症險無法提供較高的一次性給付金額，但其中的「門診定額給付」不論是實支實付或重大疾病都無法完全替代，因此癌症險的存在仍有必要。

癌症險理賠

一次給付	分項給付
又稱「初次罹患癌症」 確診癌症即可領取 生病初期可活用資金	給付項目眾多 住院、手術、門診、化療 長期治療下皆有保障

　　我看過一個案例，患者從發病到身故，生存年數為十二年，住院天數為一百三十天，門診次數為八十五次。在長期治療下，癌症險所提供的住院 + 門診給付，是沒辦法被完全取代的（針對癌症而言）。

　　從下表可看出，二十萬名癌症住院病人中，將近十八萬人住院一個月以內，但這終究只是平均數，仍有將近五千人住院超過九十天。這只是一年的數據，若是癌症治療長達十年之久呢？再次強調一個觀念：買保險是為了比較嚴重的狀況、擔心自己就是那個萬中之一而買的。

惡性腫瘤住院天數概況

住院天數	件數（Cases）	所占比率（％）
1～3 日	51,998	25
4～7 日	48,775	23
8～14 日	49,610	24
15～30 日	37,965	18
31～90 日	15,155	7
90 日以上	4,838	2
總計	208,341	100

＊資料來源：健保局民國 100 年統計資料

「重大疾病險」優勢在於一次性給付

在癌症的治療當中，目前「平均」住院天數不高，但最可怕的花費當屬標靶藥物，動輒幾十萬甚至百萬起跳，讓所有擔心癌症的人心惶惶，擔心住院不到一個星期，卻得付出幾十萬的藥物費，理賠金額追不上吃藥的速度。因此重大疾病險的一次性給付也很重要。

癌症平均住院天數不高

年齡區間	平均	0～19 歲	20～39 歲	40～59 歲	60～79 歲	80 歲以上
平均住院天數	10.5	4.6 ～7.4	7.7 ～10.7	10.5 ～12.6	10.8 ～12.7	14.2 ～15.6
癌症平均住院天數	18.4	15.6 ～17.4	17.4 ～26.9	17.9 ～28.3	14.0 ～17.7	14.3
癌症就醫人數比例	－	5.0%	25.5%	44.7%	20.4%	4.4%

癌症標靶治療藥物自費項目

標靶藥物名稱	治療項目	費用
Herceptin（賀癌平）	乳癌	6.5 萬元 / 月
Nexavar（蕾莎瓦）	肝癌，腎細胞癌	一個月 18 萬～ 20 萬
MabThera（莫須癌）	非何杰金氏淋巴瘤	一劑 48,400；6 個療程約 29 萬元
Avastin（癌思停）	結腸癌，大腸直腸癌，乳癌，肺癌	18 萬元 / 月
Erbitux（爾必得舒）	肺癌，大腸直腸癌，口咽癌，下咽癌，喉癌，食道癌	13 萬元 / 月
Iressa（艾瑞莎）	肺腺癌	1,600 / 顆
Tarceva（得舒緩）	肺癌、肺腺癌	1,860 / 顆
Sutent（紓癌特）	晚期腎細胞癌；惡性腸胃道基質瘤	一個療程約 28 萬元
Taxotere（剋癌易）	肺癌、乳癌，前列腺癌	4.1 萬元 / 天
Tykerb（泰嘉錠）	乳癌	8.9 萬元 / 月

＊資料來源：國內各大醫院網站 / 國家衛生研究所

用搭配兩種保險取得平衡

　　現在很多人提倡以重大疾病險來取代癌症險，不過，一次性給付的「重大疾病險」雖然可以先拿到一筆錢來運用，但相對地這筆錢花完就沒了，所以「癌症險」還是有其存在的價值（特別是有高額初次離癌及高額門診）。

　　支持「重大疾病險」的人會說：癌症住院天數少，標靶藥物還是得靠一次性給付。支持「癌症險」的人會說：癌症住院天數可能很長，後續門診次數也很頻繁，癌症險沒那麼差。如果覺得重大疾病一次性給付先拿到比較好，那就選重疾險；如果擔心癌症的後續長期治療，那可以考慮癌症險。

　　那麼，到底要選「癌症險」還是「重大疾病險」？我的回答是：何不以

搭配的方式取得平衡呢？重大疾病險提供的一次性給付，是癌症險所較為欠缺；癌症險提供的長期住院門診給付，是重大疾病險的缺憾。兩者若能採取適當額度的互補，就能夠達到更好的保障。

　　如上所述，兩者都有不可取代之處，無法做出高低的比較，因此我建議可以一定額度的重大疾病險，再搭配適當的癌症險（癌症險可以挑選一次性給付高，門診給付高的）。這樣一來，不論是對於短期治療或長期抗戰，都能有所兼顧。

06 | 如何選擇實支實付醫療險？

「實支實付型醫療險」主要是支付健保不給付的自費範圍，跟一般常見的「日額手術險」有所不同，例如升等病房差額、自費藥物或醫療材料等，都屬於實支實付的範圍。由於近年住院自費可能性漸漸提高，因此實支實付為因應健保不足的部分，變得越來越重要。不過還是要特別強調，並非所有自費項目實支實付都能理賠，還是得依照條款及自費內容才能判斷。

常見實支實付問與答

「實支實付」顧名思義就是看「實際支出」的費用多少，保險公司再「按實給付」給你，但並非所有的項目都包含在內。以下列出關於實支實付常見的幾個問題，來看看你的觀念是否正確吧！

適合投保實支實付的對象

1. 原有保單只有傳統型的醫療險（僅理賠住院天數或手術等）。
2. 擔心健保不支付的高額花費無法負擔（例如七萬元的心臟支架）。
3. 新生兒寶寶或年輕人，想選擇保費便宜，保障好的醫療保險。
4. 想讓自己或家人在生病時擁有較好的醫療品質，讓保險減輕負擔。

實支實付的理賠項目

1. 病房差額費用（升等單人房或雙人房的病房費用）。

2. 醫療費用（又稱「雜費」，主要理賠健保不給付的部分醫療費用）。

3. 手術費用（理賠健保不給付的手術費用）。

Q：住院花多少，實支實付就賠多少嗎？

不一定。首先要看條款，確認自費範圍是否在理賠項目。其次要看支出的額度有沒有超過保險金額。（例如投保額度十萬，但如果花十五萬，最終還是只會理賠上限十萬而已）。

Q：只要是健保不給付的，實支實付都賠嗎？

不一定。實支實付雖然會理賠自費，但其中也有「除外責任」的限制。並非所有自費實支實付都可以概括，所以條款的文字也很重要。（＊詳見146頁〈全民健保什麼不給付？何謂自費項目〉）

Q：什麼是「轉換日額」？

住院醫療花費不高的時候，理賠金額就不多，例如住健保房，又沒花到多少醫療費用的時候。此時要看保單條款有沒有「轉換日額」，如果有就能夠轉換以住院天數來做理賠。例如日額一千元，住院五天，轉換後就理賠五千塊。要注意的是，「轉換日額」跟「實支實付」大多只能二擇一。目前有少數實支實付，是有同時「給付日額」的，可以留意一下。

Q：如果沒有用健保身分就醫呢？

實支實付是利用健保支付當第一層的給付。當健保範圍包不住的時候，實支實付就成為第二層的保護傘。因此如果沒有用健保身分去就醫，那麼實

支實付會直接變為第一層來承受醫療費用，此時的支出金額會大幅增加，理賠金額增加，表示整體費率可能增加。

對於乖乖使用健保身分的人來說這並不公平。因此主管機關為避免爭議，於示範條款規定，非健保身分或去非健保醫院就醫時，理賠金額要打折。這樣對其他保戶才公平。但打折不得低於 65%（目前最高為 85%）。

Q：投保實支實付好，還是日額手術險好？

這兩個險種的優缺點不同，無法比較，要看每個人當時遇到的狀況才能夠判斷 實支實付的優點是遇到高額自費時，可以發揮很大的功用；缺點是住健保房且自費金額不高時，理賠的金額可能受限。日額手術的優點是當住院天數長，或進行難度較高的手術，理賠金額表現就不錯；缺點則是目前平均住院天數下降，不理賠自費項目。

Q：有終身的實支實付嗎？

有，但保費不便宜。很想投保「終身」實支實付的讀者，我會建議詳細瞭解保單內容及保障項目之後再做決定。

Q：有投保終身醫療，還要買實支實付嗎？

不一定，要看每個人的狀況而定。兩者的條款跟給付內容大不相同。終身醫療為傳統的日額手術險，不給付自費支出。如果遇到高額的醫療花費還是得自掏腰包喔。如果擔心高額自費的朋友，還是建議視情況考慮規劃實支實付來加強保障。

挑選實支實付的重點

我建議注意五個重點，分別是：醫療費用額度、轉換日額額度、住院天數增加時是否增加額度、條款細節（如門診手術、概括條款等）、整體保費是否合理

實支實付首重醫療費用（雜費額度），因為醫療費用太低，就失去它最大的優勢了。花費高，就用雜費理賠；花費低，就改日額理賠，所以轉成日額的理賠也是需要注意的地方。

對我來說，保險這兩個字代表的是讓保險公司轉嫁無法承受的巨大風險。而什麼是巨大風險？門診一次付一千，你可以承擔嗎？住院一次付兩千，你可以承擔嗎？手術一次付三千，你可以承擔嗎？以上對個人來說，都算是小風險。如何去評估大風險呢？只需要花點時間去思考以下兩個問題：你比較擔心住院十天，還是一百天？你比較擔心自費三萬，還是自費三十萬？如果你是選擇後者，那麼恭喜，你已經明白先保大，再想小的意義了。當然，如果預算 OK，保大又保小也是可以，但多數人的預算都是不 OK 的。再次強調，買保險最重要的三個基本觀念：不要去冒「自己承擔不起」的風險，不要去冒「因小失大」的風險，多考慮「風險發生」的可能性。

選擇實支實付醫療險，跟我建議其他保險的原則都是一樣，重點都是要考量到「最壞的部分」。針對「住院」這點，每個人最擔心害怕的有兩種狀況，分別是「住院天數過長，把醫院當成第二個家」以及「醫療費用過高，被高額的自費項目壓得喘不過氣」。所以在選擇實支實付的時候，這兩點最重要。試著將以下這三種狀況套用到你選的實支實付理賠金額，是否跟心中所想的相同。如果理賠金額跟想像的差異很大，或許得再多考慮一下。

1. 住院一百天：轉日額理賠多少？

2. 住院花三十萬：醫療費用理賠額度多少？

3. 住院一百天＋醫療費用三十萬：能賠多少？

　　把最壞的情況，去對應到你的保障內容，看看理賠多少，就可以知道這份規劃在極度糟糕的時候，能發揮多少效用。

07 全民健保什麼不給付？何謂自費項目

　　前面談到自費住院是否理賠的問題，這篇要再繼續探討什麼是「自費項目」。台灣的「全民健康保險」屬於社會性的強制保險，選擇健保給付項目，民眾只需付部分負擔。但是，二代健保 DRGS 制度讓人開始擔心自費項目。所以讀者需要先瞭解什麼是自費，才會知道該如何挑選合適的醫療險。

什麼是部分負擔？

　　談自費以前，要先瞭解什麼是部分負擔。

1. 門診（全民健康保險法第 43 條）：

一、門診基本部分負擔（106 年 4 月 15 日起生效）

醫院層	西醫門診		急診		牙醫	中醫
	經轉診	未經轉診	檢傷分類			
			第 1、2 級	第 3、4、5 級		
醫學中心	170 元	420 元	450 元	550 元	50 元	50 元
區域醫院	100 元	240 元		300 元	50 元	50 元
地區醫院	50 元	80 元		150 元	50 元	50 元
診所	50 元	50 元		150 元	50 元	50 元

2. 住院（全民健康保險法第 47 條）

住院部分負擔比率表

病房別	部分負擔比率			
	5%	10%	20%	30%
急性病房	—	30 日內	31 ～ 60 日	61 日後
慢性病房	30 日內	31 ～ 90 日	91 ～ 180 日	181 日以後

3. 藥品費用

二、門診藥品部分負擔

藥費	部分負擔費用
100 元以下	0 元
101 ～ 200 元	20 元
201 ～ 300 元	40 元
301 ～ 400 元	60 元
401 ～ 500 元	80 元
501 ～ 600 元	100 元
601 ～ 700 元	120 元
701 ～ 800 元	140 元
801 ～ 900 元	160 元
901 ～ 1000 元	180 元
1001 元以上	200 元

　　保險對象有下列情形之一者，免依第四十三條及前條規定自行負擔費用：一、重大傷病；二、分娩；三、山地離島地區就醫。

什麼情況下健保不給付？

一、健保有給付，但有諸多限制，無法第一時間使用。若是家屬或病人想提前使用，就得自付費用。二、健保沒有給付，或有額度上限，又分為以下兩種：

1. 根據「全民健康保險法第 51 條」

下列項目不列入本保險給付範圍：

一、依其他法令應由各級政府負擔費用之醫療服務項目。

二、預防接種及其他由各級政府負擔費用之醫療服務項目。

三、藥癮治療、美容外科手術、非外傷治療性齒列矯正、預防性手術、人工協助生殖技術、變性手術。

四、成藥、醫師藥師藥劑生指示藥品。

五、指定醫師、特別護士及護理師。

六、血液。但因緊急傷病經醫師診斷認為必要之輸血，不在此限。

七、人體試驗。

八、日間住院。但精神病照護，不在此限。

九、管灌飲食以外之膳食、病房費差額。

十、病人交通、掛號、證明文件。

十一、義齒、義眼、眼鏡、助聽器、輪椅、拐杖及其他非具積極治療性之裝具。

十二、其他由保險人擬訂，經健保會審議，報主管機關核定公告之診療服務及藥物。

2. 根據「全民健康保險法第 45 條」

> 　　本保險給付之特殊材料，保險人得訂定給付上限及保險醫事服務機構得收取差額之上限；屬於同功能類別之特殊材料，保險人得支付同一價格。
>
> 　　保險對象得於經保險醫事服務機構之醫師認定有醫療上需要時，選用保險人定有給付上限之特殊材料，並自付其差額。
>
> 　　前項自付差額之特殊材料品項，應由其許可證持有者向保險人申請，經保險人同意後，併同其實施日期，提健保會討論，報主管機關核定公告。

什麼是自付差額？什麼是特殊材料？

　　健保局已有給付提供的材料，當你想使用更好的材料時，就必須多付這中間的差額。例如只給付一萬，但你想用三萬的東西，中間的兩萬就是自費差額。以台大醫院特殊材料最高差額為例，價格僅供參考：

> (1)塗藥或特殊塗層血管支架 48,292 元
>
> (2)陶瓷人工髖關節 66,816 元
>
> (3)金屬對金屬介面人工髖關節 69,379 元
>
> (4)特殊材質人工髖關節 38,177 元
>
> (5)特殊功能人工水晶體 90,719 元
>
> (6)人工心律調節器 48,300 元
>
> (7)義肢 68,000 元

　　使用自費的特殊材料，通常可擁有較良好的治療效果，或是改善生活品質等（但得依照個案而定，並非自費就比較好）。而依「全民健康保險法第16條」，醫院要在事前告知病患，另外也會要求病患簽署「自費同意書」以及「特殊材料同意書」

　　健保為什麼不全部支付呢？答案很簡單，如果全民健保包山包海，什麼都幫民眾給付，最現實的考量就是「這些經費哪裡來」。所以，在預算有限的情形下，面對高額的藥品或材料，健保只好選擇以自費項目或部分負擔來減輕長久的透支，讓健保制度可以繼續走下去，民眾的自費情況可能只會越來越多。

　　希望這篇能讓讀者對於「自費」和「部分負擔」有所認知。如果要補上健保的自費缺口，可以考慮規劃實支實付型醫療險。

08 | 只有實支實付，才有收據正副本的問題

　　從醫院索取的收據是正本或副本，跟我買的保險有什麼關係？經常會有客戶問我：「保險可以用副本申請理賠嗎？」其實答案很簡單：「只有投保實支實付，才要煩惱收據正副本的問題。」

　　首先，住院會產生相關的花費，包含部分負擔跟自費項目，這些會統整在「醫療收據」上。醫療收據區分成「正本」以及「副本」。正本收據僅有一份，不見就沒有了；副本收據則可以無限多份，只要向醫院申請，蓋上「醫院章與正本相符章」即可。

投保時，保險公司會詢問是否有投保其他實支實付

　　簡單來說，被保險人在投保之前已經有其他實支實付的保單，通知保險公司，而保險公司沒有拒絕承保的話，就得負擔起理賠責任。通知的方式，通常於要保書的填寫資料上，就會詢問被保險人「是否有投保其他實支實付」。此時會問「醫療實支」跟「傷害實支」，如果你有其他實支實付保單，就勾「是」；沒有其他實支實付保單，就勾「否」。

1. **勾「是」＋承保的狀態**：投保時「詢問項目勾是」，而保險公司也願意承保了，那麼後續產生理賠需要收據的情況，保險公司就只能負擔起理賠責任，不論被保險人提供收據正本或副本。簡單來說，勾是，保險公司同意承保，就是願意接受收據副本。

2. **勾「否」＋承保的狀態**：投保時「詢問項目勾否」，最後保險公司承保了，那麼依照目前的實務，保險公司在理賠時通常會要求提供「正本收據」。所以在投保的時候，請務必留意「是否有投保其他實支實付」這個項目。

在實務上，只收正本收據的保險公司，你勾是，它就會拒絕承保，因為它不想接受副本收據。如果你勾否，它一樣會去查尋你是否有投保實支實付的紀錄，如果被查到有，它還是會拒絕承保，並不會因為你勾否，它就讓你投保。

只有「實支實付」，才會有收據正副本的問題

在人身保險裡，只有「實支實付（含醫療跟意外實支）」的理賠申請文件需要醫療收據，其他險種並不會用到。所以像是癌症險、失能扶助險（殘扶險）、重大疾病險、重大傷病險、醫療日額險、手術險、壽險、儲蓄險等等，這些險種的理賠申請，通通都不需要用到醫療收據。

所以如果你沒有投保實支實付，就不用再問正副本的問題囉。

09 實支實付，目前最多 3 ＋ 1 張

　　自從民國九十五年實支實付開放接受複本理賠之後，很多讀者會問我，實支實付能投保第二家或以上嗎？我們先來看看「人身保險商品審查注意事項第五十七條」怎麼說：

　　實支實付型醫療保險商品期保險金之申領，如不接受收據影本、抄本、謄本等文件者，應依下列方式辦理：

　　一、被保險人於投保時已通知有投保其他商業實支實付型醫療保險，而保險公司未拒絕承保者，其對同一保險事故已獲其他保險契約給付部分仍應負給付責任。

　　二、被保險人於投保時已投保其他商業實支實付型醫療保險而未通知保險公司，則對同一保險事故中已獲得全民健康保險或其他人身保險契約給付的部分不負給付的責任。但保險公司應以「日額」方式給付，前述日額之計算標準，保險公司於設計保險商品時應明定之。

　　三、同一保險公司承保同一被保險人二張以上不接受收據影本、抄本、謄本等文件之實支實付型醫療保險商品者，對同一被保險人於同一保險事故已獲該保險公司其他人身保險契約給付部分，仍應負給付責任。前項處理方式，應於要保書中揭露，並由要保人簽署同意。

　　所以，關於「實支實付醫療險是否能投保第二家」的答案是：目前可以，

前提是保險公司願意承保。不過我要在此提醒讀者，可以保，跟有沒有需要保，是兩回事，請依照自己的需求去評估，不一定需要規劃兩家，甚至三家以上的實支實付。

實支實付投保上限，現在最多 3 ＋ 1 張

實支實付可以投保兩家以上，但還是有投保張數的限制，二〇一九年十一月之後，政府規定每人限額是「3 ＋ 1」張。不過，「醫療實支」跟「意外實支」可以分開計算（＊詳見 163 頁〈醫療實支跟意外實支，有什麼不同？〉），分別還可再加保一張「自負額實支」。所以，醫療實支是正常三張＋自負額一張，意外實支是正常三張＋自負額一張，合計最高可以投保八張實支實付。

還有，要注意「學生團體保險、公司團體保險、旅平險、駕傷險」等等，可以不用計算張數。這也算是可以理解的修正，畢竟如果連這些都算進去，很多人難以投保其他實支實付。

其實修正後，目前「醫療實支 3 ＋ 1 張」＋「意外實支 3 ＋ 1 張」＋「其他政策性保險」，這樣的保障對大多數人而言已經非常足夠了。身為高風險意識的保險人員，我自己也只保了醫療實支兩張、意外實支三張以及駕傷險。我覺得這樣就很夠了，一般人真的不用刻意去保不需要的保險，還是需要仔細評估。

10 | 實支實付要保多少才足夠？

　　目前規定實支實付的張數上限是 3 ＋ 1 張，那到底實支實付保額要多少才算足夠？這個問題，我已經被問過千百遍了，所以這篇就要來說明，「怎樣才算足夠」這件事情的盲點。

　　首先說明，這篇的內容肯定有很多保險從業人員不認同，但沒關係，正確的事情（至少我自己認為正確的）就是要說出來。這篇內容很簡單，但觀念卻不容易打通，希望能對讀者有些許幫助。

你覺得要保多少額度才夠？

　　首先，由於健保制度的改變，在規劃醫療險時，大眾越來越重視可以理賠「自費」的實支實付。這很好，我平時也非常建議把實支實付做為主要的規劃。但是，實支實付是有額度限制的，每間保險公司的上限也不一樣。

　　舉例來說，有人因為在臺灣施行「達文西手術」，醫療費用高達二十七萬元。如果保的實支實付額度沒有二十七萬，超過的範圍當然就得自己支付，例如額度只有二十萬，那麼就得自己支出七萬元。

　　看到這裡，我想先請你停下來，回答一個問題：「你覺得實支實付要保多少額度才夠？」這個問題沒有標準答案，你可以用自己已經規劃的額度回答，或是預想的額度回答。想好答案了嗎？接下來我就要討論這個「盲點」了。

　　我每天都會收到許多諮詢，其中一種就是：「大仁，我想要規劃實支實

付，額度至少要三十萬喔。」這個時候我會反問對方：「三十萬這個數字是用什麼標準判斷的？」通常對方會說：「網路上建議的啊，說實支實付額度最好要有三十萬。」不出所料，這時我會補上第二個問題：「為什麼不是二十萬，也不是四十萬，而是三十萬呢？」

不知道你有沒有驚覺：「對耶，為什麼不是其他數字呢？」也許你剛剛心裡想的數字是三十萬、五十萬、甚至一百萬。但無論哪個數字，你有沒有問過自己，為什麼會是這個數字，而不是其他數字呢？

保障越高，保費越高

保險規劃是一種風險管理的方式，而風險管理講求的是「用可以接受的保費，取得可以接受的保障」。相對來說，「保險就是要用最低的保費，買到最高的保障」反而是一種不客觀的論述。

實支實付很好沒錯，但它也是一種保險，得付出相對的保費。讓我們用一個很簡單的邏輯來思考，你投保越高的實支實付，當然就是得到越高的保障，沒錯吧？但擁有越高額度，就得付出越高的保費。正確的保險觀念是，在我們風險承受能力低（還沒累積足夠的資產時），花少許的保費，去換取發生不幸事故的大保障。然後趁年輕保費便宜的這段時間，盡可能累積資產。當資產累積越高，風險承受的能力就越高，就越不需要保險。

舉個例子，你認為臺灣首富郭台銘需要買醫療險嗎？答案是「不需要」，因為他的風險承受能力很高，醫療花費的風險不管再高，對他也無法造成損害。一般大眾不像郭董那麼有錢，當然就得依靠保險來轉嫁風險。但是，在規劃保險時，很多人沒想到的盲點就是：當你在保險多支出一塊錢，相對而言自留資產就減少一塊錢。支出越高的保費，就代表你更存不到錢，往後更

無法擺脫對保險的依賴。

　　這個時候你肯定會疑惑：「意思是叫我不要買保險嗎？」非也，不用凡事都這麼極端，不是不要買保險，而是要買「適當的保險」，也就是「用可以接受的保費，取得可以接受的保障」這個觀念。過高的保費，會讓人無法順利累積資產，擺脫對保險的依賴。過低的保費，則會讓人在面臨風險時，無法順利轉嫁損失。所以實支實付買太多跟買太少，都是不正確的。

　　那麼，實支實付要買多少才合理？回到前面的例子，這個客戶因為看了網路上的建議，認為規劃三十萬才夠，卻從來沒有思考過「為什麼是這個數字」。思考這個問題之前，我要先說兩個重要的標準：保障（實支實付的額度）和保費（每年該繳多少錢）。

　　許多人在規劃實支實付時，往往只看到「保障」就慷慨激昂，幻想自己生病可以賠這麼多。然而，保障很高沒錯，但「保費」算過了嗎？假設你規劃了三十萬的實支實付額度，當然就得支付相對的保費。如果你是看完許多理賠案例，衡量了應該要繳的保費以後，認為三十萬是自己可以接受的保費跟保障，那就 OK。但如果你只是看到三十萬的保障，而忽略了接下來要繳的保費，那就很不 OK 了。

保險是少數不幸的人獲得理賠

　　許多人投保了雙實支還不夠，還想要有第三家、第四家。這個時候我就會潑客戶一桶冷水，請他們冷靜一下。以下是一段我跟客戶的真實對話：

　　客戶：大仁，有推薦再買哪一間嗎？
　　我：沒有推薦的，再買下去保費太高。您自己打算保四個實支，太太、

小朋友和父母要保幾個？保險是買不完的。

這個客戶已經投保了三間實支，還打算投保第四間。當你買了這麼多實支實付，覺得「保障」很足夠的同時，也應冷靜下來想想「保費」是否支出太多了。以一家四口（爸媽子女）而言，每個人都買雙實支，整個家庭就投保了八家實支實付，付了八份的保費。假設一份實支實付年繳三千元，這個家庭一年就得繳交兩萬四千元。不把實支實付會隨著年齡漲價算進去，一年兩萬四，繳四十年就是九十六萬的保費。

我不知道這一家四口四十年下來的自費會不會超過九十六萬，可以確定的是，這九十六萬的保費是注定要繳出去的了。假設四十年下來總理賠金額為一百五十萬，光是雙實支實付的總繳保費，就得支出將近百萬元。看到這個數字，你還想要保到三實支、四實支嗎？那麼接下來又要繳多少保費呢？

保險是少數不幸的人獲得理賠，多數平安無事的人則繳交保費當平安符。醫療自費的風險存在很可怕，你知道我知道獨眼龍也知道。依照保險精算來看，買保險的大多數人繳交保費都是沒用到的。但我們就是不知道自己究竟是那不幸的「少數人」，還是幸運的「多數人」，所以才要買保險。

這個時候，大多數被保險人跟保險業務，都會朝著「少數人」的方向去思考。坊間也不時傳出自費幾十萬，甚至五、六十萬的自費收據都有。但你是否該停下來想想，是否真的有需要因為害怕五十萬的自費，而保到五十萬的實支實付嗎？如果整個家庭都保了五十萬的實支實付，又得支出多少保費呢？這時「保障跟保費」之間，是否已經失去平衡了？

保障與保費之間的平衡

實支實付到底該規劃多少額度，這個疑問我沒有解答。因為每個人的判斷標準不同，風險承受能力不同，無法一概而論。有些人可以承受十萬的自費，有些人可能連拿兩萬出來都很吃力。有些人認為一年實支實付保費八千元沒問題，有些人可能連兩千元都覺得太貴。

我自己投保了雙實支實付，合計二十一萬的額度，一年繳交保費約五千元左右。我認為繳五千元換得二十一萬的保障，是合理的數字。難道我不怕超過二十一萬的自費嗎？當然怕，但計算保障跟保費之間的平衡後，我認為這樣已經足夠。再高的自費，就風險自留，因為並非所有的自費都得全部保險理賠才是好的規劃。

如果你評估後，認為一年繳交一萬元保費，換取三十萬的實支實付額度，是你可以接受的範圍，那就 OK。你的實支實付該買多少，是要從你的風險承受能力及願意繳交的保費去看待的，而非出自別人制式的建議。

陰性建議的用處

暢銷書《黑天鵝效應》的作者將建議分成陽性建議及陰性建議。陽性建議是叫你「應該要去做什麼」的積極意見，例如「實支實付要買多少額度」、「保險就是得買某某險才划算」。陰性建議則是跟你說「什麼事情不要做」的消極意見，例如「不要花過高的保費」、「保險買剛好就好」。

大眾很容易接受「陽性建議」，拿保險舉例，如果有一個業務員說「實支實付就是要買五十萬才夠」，這就是一種標準的陽性建議。這種建議在遇到事故時，例如剛好就自費五十萬，人們就會很有感覺，感謝這個陽性建議。但如果什麼事情都沒發生，也往往不會去怪罪這個業務。而「陰性建議」

就不一樣了，以這篇為例，陰性建議就是叫人「不要買太高的實支實付，要注意保費」。這種建議在遇到事故時會很吃虧，人們會抱怨：「為什麼當初要叫我不要買太高？害我現在賠不夠。」如果什麼事情都沒發生，對方也不會因為平時省下了多少保費而感謝你。

但身為一個被保險人，你除了去思考自己是「少數人」的可能性以外，也得思考一下自己是「多數人」的可能性。當你在思考實支實付保障多高之前，也記得思考一下保費繳交是否超出平衡。在「保障與保費」之間試圖取得你可以接受的平衡點，這才是正確的思考方式。

最後，這篇文章絕對不是想告訴讀者保險不用買，也不是要說實支實付要繳很多保費所以不要保，而是建議「保險買剛好就好」。至於這個「剛好」該如何判斷，每個人能接受的範圍都不相同。找出你能接受的合理範圍，保障和保費都可以接受，就是合適的規劃，而不是「因為誰誰誰說要保這樣才夠」這種亂七八糟的標準。

希望以上內容能讓你多少對於保險規劃，有不同角度的看法。「夠了」這兩個字，將是新時代的被保險人，最需要去思考的一件事情。

11 | 實支實付的「雜費」限額，是固定的嗎？

　　實支實付的理賠，最重要的項目就是醫療費用（雜費）。但你知道，自己投保的實支實付雜費額度，是固定的，還是可以增加的呢？

　　實支實付的理賠項目主要分成：一、病房差額費；二、醫療費用（雜費）；三、手術費用。關於醫療費用（雜費），主要給付範圍廣泛，包括：醫師指示用藥、血液或血漿、掛號費及證明文件、來往醫院之救護車費或特殊材料（例如心臟支架）等。住院時的相關花費，除了「病房差額費」跟「手術費」以外，其他符合理賠的項目都會被歸類到「雜費」裡。

　　實支實付就是看花費多少，依照條款去理賠多少（得符合條款才賠，不是包山包海全部都賠喔）。然而實支實付的雜費額度，主要分成三種：

1. **固定不變**：例如三十萬就是三十萬，不會因為任何因素而增加額度。如果你投保的是這種條款的實支實付，要注意雜費額度夠不夠用喔！

2. **會隨著住院天數增加**：隨著住院天數的增加，額度也會跟著提升。例如原本三十天內雜費額度十萬，如果住院天數到三十一天，就會將雜費提高為兩倍為二十萬。如果不幸遇到長期住院，很可能碰到雜費額度不夠用的情況，這時候有這個條款就很重要。

3. **會隨著特殊情況增加**：有些實支實付會針對一些特別的情況，直接增加額度。舉例來說，「住進加護病房」提高兩倍，「接受重大手術」提高三倍。「加護病房」、「重大手術」這兩種情況，都有增加雜費的限額。

實務上各家保險公司對於「雜費限額」的增加約定都有所不同，所以請依照自己的保單條款為主。

相關問題討論

Q：我住院的醫療花費，超過雜費限額怎麼辦？

以最高上限為主，超過就得自己從口袋貼錢。所以實支實付的雜費額度非常重要！

Q：我遇到「雜費額度增加」的情況，理賠金也會增加嗎？

不會。實支實付顧名思義就是「實支支出多少，支付給你多少」（符合條款下）。因此雜費額度提高，也只是增加可以理賠的額度而已，理賠金不會因此跟著增加。

Q：請問雜費的額度是賠完就沒有了嗎？

不是。雜費的額度是以「同一次住院」計算，只要是不同次的住院，額度就可以重新計算。

由於健保制度的更改，使得實支實付成為目前許多人心目中非常重要的保險。如果擔心高額的醫療費用，實支實付會是你的好選擇。

12 ｜醫療實支跟意外實支，有什麼不同？

　　實支實付上限 3 ＋ 1 張，但「醫療實支」和「意外實支」是分開計算的，那麼這兩者有何不同呢？

　　實支實付，這個保險的名稱顧名思義就是「實際支出多少，實際給付多少」。但是，保險既然是一種契約，自然會有其他約定。所以實際理賠金額，還得看條款的相關「約定」才行，並不是包山包海的喔！

醫療實支與意外實支

　　「醫療實支」簡單來說就是，「生病或意外」導致需要住院的情況。主要理賠範圍有三項：病房費用、醫療雜費、手術費。相較於「醫療實支」通常限定於三種項目，「意外實支」的範圍就只有一個項目，以下為示範條款參考：

　　「意外實支」理賠，有三個條件需要滿足：一、意外事故（例如車禍或工作受傷）；二、在醫院或診所治療；三、超過全民健康保險的醫療費用。符合這三個條件，就能啟動理賠。同時不像「醫療實支」有三個項目的上限，「意外實支」一個項目就全包了。舉例來說，「意外實支」額度有十萬，若病房費三萬、醫療費兩萬、手術費兩萬，合計花費七萬，「意外實支」就可以理賠七萬元（總醫療費）。

兩種實支實付差異表

	醫療實支	意外實支
疾病住院	○	✕
意外住院	○	○
疾病門診	✕	✕
意外門診	✕	○

　　最簡單的差異就是，「醫療實支」能同時理賠生病跟意外住院，「意外實支」只能理賠意外住院，無法理賠生病住院。但是，如果遇到單純「門診」的情況，可就完全不一樣了。一般單純的生病門診（例如感冒），不論哪種實支都無法理賠。但，如果是意外事故的門診，「意外實支」就可以派上用場了。

　　簡而言之，其實兩者要分辨很簡單，「醫療實支」跟「意外實支」最大的差異點就是：「醫療實支」不賠意外門診，「意外實支」不賠疾病住院。

PART

5

長照險與新生兒怎麼保

01 | 我需要買長期照顧險嗎？

　　身心障礙者人數有將近六成是疾病造成的，其中可能面臨需要家人長期照顧的狀況是最讓人害怕的。想想「勞保、健保、公保」現在的狀況，政府提供的只是基本必須的保障，對於老年失能這個風險，還是需要有個人商業保險的補強。

「長期照顧」的定義和理賠標準

　　依照「長期照顧保險單示範條款」，主要有「生理功能障礙」跟「認知功能障礙」兩種。

　　「生理功能障礙」主要是六項日常生活自理能力（ADLs）存有障礙，其定義如下（* 參見 P129 圖表）：

　　1. 進食障礙：須別人協助才能取用食物或穿脫進食輔具。

　　2. 移位障礙：須別人協助才能由床移位至椅子或輪椅。

　　3. 如廁障礙：如廁過程中須別人協助才能保持平衡、整理衣物或使用衛生紙。

　　4. 沐浴障礙：須別人協助才能完成盆浴或淋浴。

　　5. 平地行動障礙：雖經別人扶持或使用輔具亦無法行動，且須別人協助才能操作輪椅或電動輪椅。

　　6. 更衣障礙：須別人完全協助才能完成穿脫衣褲鞋襪（含義肢、支架）。

臨床失智評估量表（CDR）之分期

	記憶力	定向感	解決問題能力	社區活動能力	家居嗜好	自我照料
中度（2）	嚴重記憶力減退，只有高度重複學過的事物才會記得，新學的東西都很快會忘記。	涉及有時間關聯性時，有嚴重困難，時間及地點都會有定向力的障礙。	處理問題時，在分析類似性及差異性時，有嚴重障礙，社會價值之判斷力已受影響。	不會掩飾自己無力獨自處理工作、購物等活動的窘境。被帶出來外面活動時，外觀還似正常。	只有簡單家事還能做，興趣很少，也很難維持。	穿衣、個人衛生及個人事務之料理，都需要幫忙。
嚴重（3）	記憶力嚴重減退，只能記得片段。	只能維持對人的定向力。	不能做判斷或解決問題。	不會掩飾自己無力獨自處理工作、購物等活動的窘境。外觀上明顯可知病情嚴重，無法在外活動。	無法做家事。	個人照料需仰賴別人給予很大的幫忙。經常大小便失禁。

ICD-10-CM 編碼	疾病名稱
F01	血管性失智症 Vascular dementia
F02	歸類於他處其他疾病所致之失智症 Dementia in other diseases classified elsewhere
F03	未特定之失智症 Unspecified dementia
F04	已知生理狀況引起的失憶症 Amnestic disorder due to known physiological condition
F06.0	已知生理狀況引起有幻覺的精神病症 Psychotic disorder with hallucinations due to known physiological condition
F06.2	已知生理狀況引起有妄想的精神病症 Psychotic disorder with delusions due to known physiological condition
F06.8	已知生理狀況引起的其他特定精神疾病 Other specified mental disorders due to known physiological condition
F07.0	已知生理狀況引起的人格變化 Personality change due to known physiological condition
F07.8 【F07.81 除外】	已知生理狀況引起的其他人格與行為障礙症 Other personality and behavioral disorders due to known physiological condition 【F07.81（腦震盪後症候群 Post-concussion syndrome）除外】
F07.9	已知生理狀況引起的非特定人格及行為障礙症 Unspecified personality and behavioral disorder due to known physiological condition
F09	已知生理狀況引起的非特定精神疾病 Unspecified mental disorder due to known physiological condition
G30	阿茲海默氏病 Alzheimer's disease
G31	其他處未分類的神經系統退化性疾病 Other degenerative diseases of nervous system, not elsewhere classified

「認知功能障礙」主要指被保險人為持續失智狀態（「國際疾病傷害及死因分類標準」第十版（ICD-10-CM），附表所列項目），且依臨床失智量表（Clinical Dementia RatingScale,CDR）評估達中度（含）以上（即 CDR 大於或等於 2 分）。

長期照顧保險的理賠需要符合「生理功能障礙」或「認知功能障礙」其中一種。

除了長期照顧保險，面對「殘障」的狀況可以考慮規劃的險種有「失能險」。不過，上述兩個險種跟長照險條款內容有所差異，在投保時請依照條款內容為主，切勿混淆。

跟長期照顧保險有關的十大疾病

在買保險填寫要保書的時候，一定會看到「健康告知」，裡頭密密麻麻寫滿了很多疾病。這是因為保險公司得透過問卷瞭解被保險人的健康狀況，再決定承保的條件。雖然有制式的詢問事項可以參考，但每間保險公司問的略有不同。從健康告知事項詢問的疾病，就能夠推斷出哪些是保險公司會擔心的人，反過來說就是可能對理賠造成影響的原因。

總共有六間保險公司，會針對「長期照顧保險」特別詢問。從詢問的事項中可以發現，下列疾病跟理賠有很大的關聯，分別是：阿茲海默氏病、退化性關節炎、骨質疏鬆症、失智症、退化性脊椎炎（伴有脊髓病變者）、椎間盤疾患（伴有脊髓病變者）、脊椎狹窄、外傷脊椎病變、脊椎腫瘤、運動神經元疾病（一年內）。

所以，如果自己或家人有上述的狀況或相似的症況出現，未來就很有可能需要長期照顧，可以特別注意這方面的保險規劃和保障是否足夠。

02 ｜投保前必懂，長照險告知事項

　　長照險的告知事項是「獨立的」，因此這篇特別針對「長期照顧保險」做說明。長照險的告知事項跟其他險種不一樣。依照保險局的決議，針對「長期照顧保險」的保險商品可以有「獨立的」問項。

詢問項目十項

> 　　五年內：阿茲海默症、退化性關節炎、骨質疏鬆症、失智症、退化性脊椎炎，伴有脊髓病變者、椎間盤疾患，伴有脊髓病變者、脊椎狹窄、外傷脊椎病變、脊椎腫瘤（共九項）
> 　　一年內：運動神經元疾病（共一項）

　　跟長照理賠有很大的關聯的十種疾病：阿茲海默氏病；退化性關節炎；骨質疏鬆症；失智症；退化性脊椎炎，伴有脊髓病變者；椎間盤疾患，伴有脊髓病變者；脊椎狹窄；外傷脊椎病變；脊椎腫瘤；運動神經元疾病（一年內）。

　　請注意第五項跟第六項的詢問，「退化性脊椎炎＋伴有脊髓病變者」和「椎間盤疾患＋伴有脊髓病變者」才是告知範圍。意思是兩個疾病同時擁有，如果你只有獨立一個，那就不是告知項目要問的。例如有退化性脊椎炎，但沒有脊髓病變，就不屬於這項告知；有椎間盤疾患，但沒有脊髓病變，也不屬於這項告知；有脊髓病變，但沒有退化性脊椎炎或椎間盤疾病，不屬

169

於這項告知。這是非常重要的小細節，請務必弄清楚告知範圍。

不是每間保險公司都有詢問

上述疾病是保險公司可以自行決定「要不要問」的（我自己的不精準調查，目前僅有六間保險公司詢問長照險項目）。所以，有些保險公司即使有賣（長期照顧保險），但要保書的詢問項目並沒有上面那十項。在投保請務必看清楚自己的要保書內容喔！

這篇是告訴讀者每個險種的告知範圍不同，要分清楚才能夠做好正確的據實告知。每間保險公司的要保書問項不同，請依照個案狀況去做判斷，此篇僅供觀念上的參考。

03 ｜幫小孩買保險之前，你自己保險了沒？

　　許多父母剛迎來自己的寶寶時，不論是衣服鞋子，或是奶粉尿布，都想選用最好最貴的，連保險也是如此。但，如果把過多的保費花在小孩身上，可能會產生更大的風險。因為一般家庭的保費預算都是有限的，這時候就會出現「預算排擠」的情況（當然，如果你是預算無限的家庭，愛保多少就保多少）。假設家庭保險費預算一年六萬元，在小孩的身上多花一萬元，就代表自己的保費會少一萬元，小孩的保障看似多了，但其實是用父母的保障換來的。

依照責任的大小，做好保費的分配

　　我不斷強調一個重點：有多少責任，就得分配多少的保障。在家庭裡，正值打拚時期的夫妻兩人，才是最重要的。如果家長垮了，整個家庭就崩毀了，所以父母所需要的保障，絕對大於小孩。如果小孩生病，父母可以請假照顧小孩，反過來自己生病了，難道年幼的小孩可以來照顧父母嗎？

　　想幫小孩買好保險這份心很可貴，但請先將自身的保障顧慮好。如果你發生問題了，小孩誰來照顧呢？「我想給小孩最好的保障」這個想法沒有問題，有問題的是所有的保障都給了小孩，自己卻沒有做任何規劃。所以，父母的保障必須優先於小孩。

　　至於保費預算如何分配，就看你自己的決定。不過基本上，無論如何，小孩的保費都不應該高於父母。如果高於甚至等於，可能就得重新思考是否哪裡出問題了。

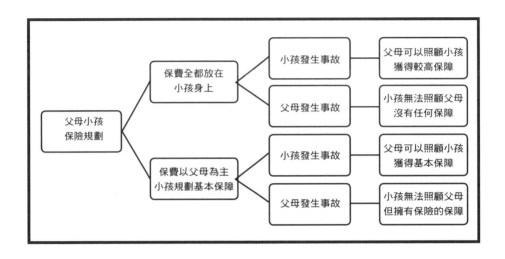

先將自己的保障顧好，再去規劃小孩

　　小孩規劃重點是「父母的保障要足夠」。小孩出事，你們可以照顧；你們出事，小孩怎麼辦？別本末倒置，小孩子保險很重要，但大人的保障也要足夠才行，父母才是能夠照顧小孩長大的人。小孩生病後就無法輕易投保了，所以小孩的保險規劃要趁早。

新生兒保險規劃重點

　　新生兒的保險規劃是很多父母煩惱的問題，首先問自己以下三個問題。

　　1. 小孩住院，需要有人去醫院照顧，要請假甚至離職，是否造成經濟負擔？

　　2. 小孩生病時，存款是否足夠給予小孩最好的醫療幫助？

　　3. 小孩長期住院時（超過一個月），是否可以負擔沉重的醫療費用？

以上三種是多數人擔心的狀況，也是讀者應該最先思考的。為什麼要幫小孩買保險？在發生事故時，能夠獲得最大的幫助，不要讓生病造成家庭的負擔，才是為小孩買保險的最大主因。

在此提出幾個思考點，請各位父母買保險前先想一下：

1. 如果小孩生病住院，誰去照顧他？
2. 照顧他的人有沒有工作？需要請假嗎？
3. 請假的話，收入損失怎麼辦？
4. 如果遇到長期住院（例如一個月），會不會失去工作？
5. 存款是否足夠支付醫療費用？
6. 當醫療費用遠超過存款時，該怎麼辦？

夫妻工作，沒有人照顧小孩，你們很可能要為了照顧小孩，其中一方必須請假，甚至辭去工作。如果是單親家庭，那麼小孩的保險就更需要重視。因為當小孩住院的時候，你沒辦法工作，還得費心去煩惱醫藥費用，擔心沒收入，這不是輕易承擔得起的風險。

醫療險

很多人認為住院很可怕，但其實短期住院一般不會造成太大的影響，真正可怕的是超過三十天，甚至超過一百天的長期住院。

因此，買保險第首先要思考的問題是：我最擔心的情況是什麼？住院一百天可怕嗎？住院三天就花三十萬可以承受嗎？針對自己最不願意面對的狀況做規劃，才最貼近保險的真正意義。（＊詳見 043 頁〈保險不是有賠就

好，保障足夠才是重點！〉）

買保險最重要的三個觀念：不要去冒「自己承擔不起」的風險，不要去冒「因小失大」的風險，多考慮「風險發生」的可能性。你比較擔心住院三天，還是三十天？你比較害怕自費三千，還是三十萬？想想你最不想遇到的事情，失能、住院、車禍、死亡……還有什麼嗎？沒錯，那就是你所需要的保險。

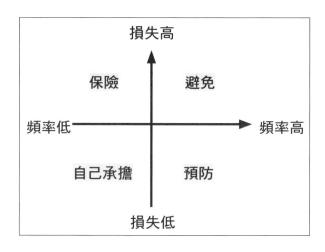

舉例來說，我的某個臉友曾貼出馬偕醫院的住院費用通知單，他的小孩十二天的醫療費用就高達五十六萬，其中健保給付四十一萬，其他保險則負擔了部分保險費用，最可怕的是後續費用還在增加中。他的結論是，別再說小朋友保險不重要或以後再買，因為他家小朋友可能這輩子沒機會再投保醫療險。

癌症險

十五歲以下的孩童，約每一萬名就會出現一個癌症兒。臺灣平均每年有

六百個左右的孩童得到癌症。一定有人會有疑問，每年六百個人，我有需要幫小孩買嗎？請從這思考兩點：你擔心小孩得到癌症嗎？你有足夠的存款可以支付醫藥費嗎？

　　有些保險公司已經從保費告訴你，哪些年齡層特別容易得到癌症（可以參考小朋友於五歲前後的保費，你會發現很有趣的現象）。所以不用再問小朋友需不需要癌症險，答案是需要。

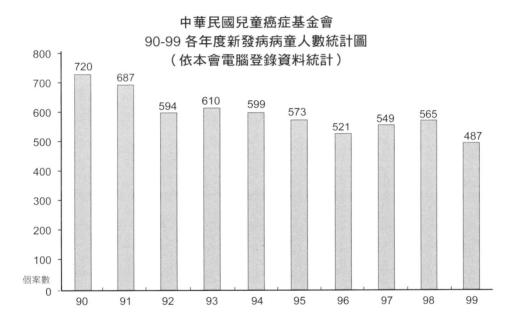

意外險、失能險

　　可以從統計資料看出小朋友意外發生機率是不低的。另外，關於「疾病導致的失能」也是要注意的地方。

為什麼要買意外險

年齡	意外占死因比例	建議
1～14 歲	20.3%	需特別注意燒燙傷＋骨折 就學後會有學生保險
15～24 歲	50.6%	最危險，建議額度提高 （剛學會騎車＋叛逆）
25～44 歲	14.3%	踏進社會：壽險需增加 不要全部只買意外險
45～64 歲	5.6%	同上：視情況調整壽險 並加以調整意外險額度
65 歲以上	2.4%	爭議多，但因年齡限制 意外險已是少數選擇之一

　　規劃新生兒保單，我非常注重「失能保險」。每個保戶我都會花一番時間好好地解說，失能險跟意外險有什麼差別，又會是在什麼情況下可能會面臨失能的風險。但似乎不是每一個保戶都能夠接受這個險種。先來看一篇新聞，標題是「五歲女失聰，洪百榕淚崩自責」：

　　演藝圈銀色夫妻宋達民、洪百榕結婚已十年，目前育有一子一女，看似美滿的家庭，背後卻有件令人心酸的故事。其中洪百榕前兩胎流產，直到第三胎才順利產下兒子小實和女兒寶妹。不料發現寶妹五歲時聽力逐漸消失，檢驗結果是「失聰」，讓夫妻倆措手不及，情緒面臨崩潰邊緣。

　　失聰已經發生了，買再多保險，女兒也無法聽見。但對於一般平民老百姓而言，每個月的生活經濟壓力已經很大，若這時再多出這個傷害，是更難

以承受的。

　　平均每五百個新生兒中，就有一個是重度聽力損失。「聽力受損」有三個可能：

　　1. 兩耳鼓膜全部缺損→ 5 級失能（60%）

　　2. 兩耳喪失九十分貝→ 5 級失能（60%）

　　3. 兩耳喪失七十分貝→ 7 級失能（40%）

　　保險無法挽回健康，但可以降低經濟上的損害，因此失能險可以適時列入規劃中。以保額三百萬為例：依照「等級 7：40%」，保險理賠金會有一百二十萬。若是較嚴重的「等級 5：60%」，一次性的理賠金額是一百八十萬。如果有規劃失能險，六級失能以內，每個月兩萬元的給付也能夠提供一個家庭持續性的幫助。

　　許多人都很重視醫療險，讀者可以好好思考一下，在醫療險花了多少保險費，可怕的失能風險又花了多少保費，其中是否有考慮不周的地方。

　　保險只是風險管理的其中一種方法，如果保費繳得很辛苦，那可能就不是一份好的規劃。

　　不是將所有風險都填滿，才叫做完美的保單，而且世界上也不存在一份完美的保單。我們能做的，只是盡力轉移風險所造成的損害，其他的只能交給命運。最後，希望讀者疼愛小孩的心情，不要被有心人士利用來買下不需要的保單。

PART

6

汽車、旅遊保平安

01 | 汽車保險怎麼保？

　　這篇想跟讀者分享關於車險的重要觀念，是開車族選擇保險的必備思考邏輯。想像一下，你心儀一輛百萬名車很久，辛苦存一筆錢，終於決定下手時，會遇到一個大問題，那就是：汽車保險要怎麼保？

　　很多人會聽信汽車業務，花很多錢購買「全險」，內容通常包含了「強制險、第三人責任險、駕駛人傷害險、乘客責任險、車體損失險（甲乙丙式）、竊盜險、零配件損失險」等等，覺得有全險，出事一定會賠。但，等到出險時，才發現這個「全險」，跟自己想像的不同。

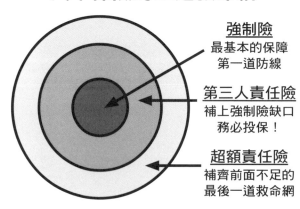

汽車保險的三道救命網

強制險
最基本的保障
第一道防線

第三人責任險
補上強制險缺口
務必投保！

超額責任險
補齊前面不足的
最後一道救命網

買車不會讓你傾家盪產，但車禍會

當你買新車的時候，第一個要注意的不是「車體險」或「失竊險」，最重要的是那個最不起眼的「第三人責任險」。

還記得前面買的車子價值多少？一百萬，如果一買來就被偷了，損失最多也是一百萬。你再怎麼樣把車子撞得稀巴爛，它還是價值一百萬而已。但，若今天你開車出門第三人責任險沒有保高一點，或甚至沒有保……那簡直是將自己放在萬劫不復的風險當中而不自知。

車子不會讓你傾家蕩產，但車禍會。例如這篇新聞，標題是「天價！車禍撞癱騎士，法院判賠 3134 萬」，內容如下：

台中市一名宋姓女子，兩年前開車撞傷一名機車女騎士，造成下半身癱瘓終身得坐輪椅代步，訴訟民事判決，三十二歲被害人以勞動年齡六十五歲和平均壽命八十一歲為求償依據，包含醫療、看護、精神撫慰等近十項賠償項目，法院判賠 3134 萬元，金額之高創國內車禍判決賠償天價。

很多人覺得一場車禍賠償金三千萬簡直不可思議，但深入瞭解「勞動力減損」就知道這個金額是非常有可能的。如果撞到的是外科醫師的手，賠償金額可就一飛衝天了。

「財物損失」也是我非常注意的另外一個重點，非常建議機車騎士保高一點，例如以下這則新聞，標題是「機車撞高級跑車，恐賠償 250 萬元」：

新北市一輛千萬超跑麥拉倫 650S 今天傍晚 6 點多，在新莊區中正路快車道停燈紅燈時，突然遭後方一輛重機車追撞，造成車尾及後保險桿損毀。

　　換個方向思考，第三人責任險的重要性就像是人身保險中的「壽險」那樣，明明是非常重要的險種，卻因為大家覺得不會發生，認為自己不會那麼倒楣而忽略了，然後把保費拿去買多數情況自己可以承受得起的「車體損失險」。

　　保險說簡單不簡單，說難也不難，如果你真的有買新車，或規劃自己的人身保險，下面這三個重點一定要記住：

1. 不要去冒「承擔不起」的風險
2. 不要去冒「因小失大」的風險
3. 多思考「風險發生」的可能性

02 | 強制汽車責任保險的二三事

　　要瞭解「強制汽車責任保險」（以下簡稱強制險）得先明白一個重要的觀念：強制險是「賠給別人」的，不是賠自己的。而自己因車禍受傷則可以向對方保險公司提出申請，又稱為交叉理賠。

發生車禍
有兩種保險要清楚

保障自己	賠償別人
由保險公司理賠給自己 不必爭賠償金額 可以保障自己跟家人	由保險公司賠給對方 避免無法承擔的高額賠償 只要繳少許的保險費
駕駛人險、車體險 醫療險、意外險 失能險、長照險	強制險、乘客險 第三人責任保險 超額責任保險

　　發生交通事故的時候，強制險主要保障下列兩種人：乘客、車外第三人，你的強制險→賠對方（我方乘客＋對方駕駛＋對方乘客＋路人），對方強制險→賠給你（我方乘客＋我方駕駛）。

　　若交通事故跟別的車輛無關（單一事故），如自行撞到電線桿、分隔島等，「駕駛本身」不在強制險的保障範圍，因此保險公司會建議強制險附加「駕駛人傷害保險」。

駕駛人傷害保險的區分

駕駛人傷害 保險附保險種	附加強制險	附加第三人責任險
保障範圍	限單一事故 非撞到汽機車所致 例如：撞電線桿	不限事故 但限駕駛汽機車所致
項目	200 萬死亡殘廢 20 萬實支實付	額度可自行規劃
保費	較便宜	較高
優勢	殘廢等級為 1-15 級	不限單一事故

強制險的保障內容主要有三項：一、傷害醫療費用給付；二、殘廢給付；三、死亡給付。

強制汽車責任保險給付

項目	內容說明
急救費用	救護車費用，救助搜索費
病房費用	1500 元 / 日
膳食費用	180 元 / 日
義肢裝置	每上肢或下肢最高 5 萬元為限
義齒裝置	一齒 1 萬元為限，超過五齒 5 萬元為限
義眼裝置	每顆 1 萬元為限
醫療材料	特殊材料，輪椅，拐杖等，最高 2 萬元為限
接送費用	轉院救護車，住院出院交通費，最高 2 萬元為限
看護費用	1200 / 日，最高三十日為限
殘廢理賠	15 級，205 項，最高 200 萬
死亡理賠	每人 200 萬
總計額度	**醫療（20 萬）、失能、死亡最高 220 萬為限**

傷害醫療費用

強制險的費用又分為四項：一、急救費用；二、診療費用；三、接送費用；四、看護費用。

急救費用：指救助搜索費、救護車及隨車醫護人員費用。

診療費用：包括下列六項。

1.病房費差額：住院治療期間支付之病房費用，每日以新臺幣一千五百元為限。

2.膳食費：在醫療院所住院期間之膳食費用，每日以新臺幣一百八十元為限。

3.自行負擔之義肢器材及裝置費：每一上肢或下肢以新臺幣五萬元為限。

4.義齒器材及裝置費：每缺損一齒以新臺幣一萬元為限。但缺損五齒以上者，合計以新臺幣五萬元為限。（＊缺損五齒以上符合殘廢等級表「缺損十齒以上者」按第十一級給付二十七萬，「缺損五齒以上者」按第十三級給付十萬）

5.義眼器材及裝置費：每顆以新臺幣一萬元為限。

6.其他非全民健康保險法所規定給付範圍之醫療材料（含輔助器材費用）及非具積極治療性之裝具：以新臺幣兩萬元為限。

接送費用：往返門診之合理交通費用，如轉院救護車和住院出院交通費，以新臺幣兩萬元為限。詳細申請步驟如下：

1.請醫師在診斷證明書註明看診日期。

2.計程車收據（沒有的話，請看下一條）。

3. 計算里程數，換算計程車錢。

看護費用：每日以新臺幣一千二百元為限，但不得逾三十日。

殘廢理賠：15 級，205 項，最高兩百萬。本保險所稱殘廢，指受害人因汽車交通事故致身體傷害，經治療後症狀固定，再行治療仍不能期待治療效果，並經合格醫師診斷為永不能復原之狀態。

死亡給付：因交通事故所致死亡者，強制險每一人給付兩百萬元，每一起事故並無人數上限。若先殘廢後死亡，已經理賠的殘廢保險金得扣除。

強制險合計給付：傷害醫療費用（上限二十萬）、殘廢給付（上限兩百萬）、死亡給付（兩百萬），合計最高給付兩百二十萬。

申請強制險需要準備文件

申請強制險可以使用收據影本：可以加蓋與正本相符及醫療機構收據專用章之醫療費用收據影本，正本留著可以在個人商業保險或是使用於其他用途。

申請期限為「兩年內」：我看過網路文章強調，強制險申請要在「五日內」填寫理賠申請書，應該是依據「強制汽車責任保險理賠作業處理要點」所寫的。但其實不是這麼一回事，強制險申請期限只要在「兩年內」都可以，不必急忙趕著申請，別被誤導囉！

強制險理賠文件

申請文件	申請單位	醫療	殘廢	死亡
交通事故處理證明文件	警察機關	○	○	○
理賠申請書	保險公司	○	○	○
身分證明文件	申請人	○	○	○
診斷證明書	醫院	○	○	
調閱病歷同意書	保險公司	○		
醫療費用收據	醫院	○		
殘廢確認書	醫院		○	
同意複檢聲明書	保險公司		○	
死亡證明書	醫院檢查官			○
受害人除戶謄本	戶政機關			○

車禍和解書是否記載強制險

假設和解金額為十萬元，可能有下列四種寫法：

1. **甲方賠償乙方十萬元**：並沒有明確將強制險「是否包含」寫入，在實務上認定「沒寫就是含」，所以不要以為沒寫就等於不含喔！

2. **甲方賠償乙方十萬元（不含強制險）**：明確將強制險排除，可以讓乙方自行申請（甲方賠償十萬後，乙方仍可以向強制險申請），唯獨需要注意強制險給付上限（強制汽車責任保險法第 31 條）。

3. **甲方賠償乙方十萬元（含強制險）**：意思是賠償金額已包含強制險（十萬和解，強制險賠六萬，所以甲方最終賠給乙方的是四萬），乙方日後將無

法再對強制險申請,是不利的寫法(強制汽車責任保險法:第 32 條)。

4. 甲方賠償乙方十萬元(含和解前強制險,和解後乙方得向甲方保險公司自行申請強制險):此較為少見,和解前乙方已申請部分強制險(包含在內),因此特別約定和解後得申請強制險其餘部分(強制汽車責任保險法第 31 條)。

強制汽車責任保險費率表

　　機車強制險可選擇保一年,或保兩年。汽車強制險只能選擇一年期。強制險會因為「年齡、性別、車禍次數」而影響到續年度的保費。

強制險　　　　　　**第三人責任險**

年齡	男	女
<20	2.50	1.66
≧ 20<25	2.30	1.53
≧ 25<30	1.47	1.06
≧ 30<60	1.00	0.92
≧ 60	1.05	0.79

年齡	男	女
<20	1.89	1.70
≧ 20<25	1.74	1.57
≧ 25<30	1.15	1.04
≧ 30<60	1.00	0.90
≧ 60<70	1.07	0.96
≧ 70	1.07	0.96

從人因素係數表

＊機車強制險沒有實施從人因素係數。

強制險不理賠的兩種狀況

故意行為所致：例如路人故意跑到馬路中間被車子撞到。但並非每個橫越馬路的人都是「故意」要被車子撞的。此「故意」是指有意詐領保險金或是製造假車禍，或者是真的「自殺尋死」才是這項除外不保的。

從事犯罪行為所致：例如最常見的酒駕，或偷竊汽車後發生車禍，或是其他涉及犯罪行為時所發生的交通事故。例如搶劫後「逃逸時」發生車禍，就不在承保範圍。

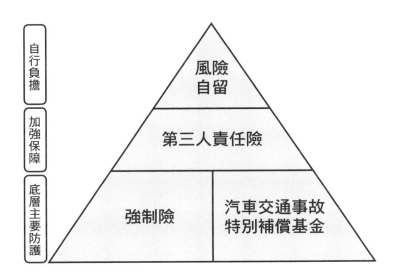

03 | 超額責任險是什麼？
你一定要知道的汽車保險

車禍事件每天都在上演，然而撞到「法拉利超跑」可不是每個人都承受得起的。也因此可以理賠高額財損的「超額責任險」，討論度逐漸上升。但超額責任險到底是什麼？發生事故時，又是如何進行理賠的呢？

超額支付險的啟動時機

超額責任險，主要就是補充「強制險」以及「第三人責任險」不足的部分。當強制險和第三人責任險不夠賠的時候，就可以啟動囉！

主要理賠體傷跟財損兩項，一、體傷：人的醫療花費、受傷或死亡賠償。二、財損：包含修車費用跟其他財物損失。

發生車禍時，會依照事故的情況，啟動各項保險的理賠，常見的有兩種，一、強制險：理賠乘客，及車外第三人的受傷或死亡。二、第三人責任險：理賠車外第三人的受傷死亡，或是車子損壞等財務損失。

假設撞到高級跑車法拉利，「強制險」無法理賠財物損失，就必須靠「第三人責任險」來理賠。但如果第三人責任險的額度不夠，該怎麼辦呢？這時超額責任險就派上用場了，可以在購買的保額內，進行差額理賠。

其理賠順序是「強制險→第三人責任險→超額責任險」，意思是強制險賠不夠，再換第三人責任險，最後就是超額責任險。

保障項目	我方駕駛	我方乘客	我方車輛	對方駕駛乘客／行人	對方車輛其他財產
強制汽車責任險		賠		賠	
駕駛人傷害險	賠				
乘客責任險		賠			
第三人責任險（體傷）				賠	
第三人責任險（財損）					賠
超額責任險 第三人責任不足時啟動				賠	賠
車體險 竊盜險			賠		

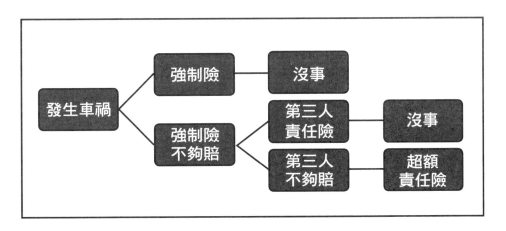

191

投保險種 / 理賠情況	強制險 200 萬	第三人責任險 體傷：200 萬 財損：30 萬	超額責任險 1000 萬
受傷 300 萬	200 萬	賠 100 萬	前面已足夠
受傷 300 萬 車子 100 萬	體傷 200 萬 財損不賠	體傷 100 萬 財損 30 萬	體傷已足夠 財損 70 萬
受傷 800 萬 車子 500 萬	體傷 200 萬 財損不賠	體傷 200 萬 財損 30 萬	體傷 400 萬 財損 470 萬
法拉利 2000 萬	財損不賠	財損 30 萬	1000 萬 （已達上限）

超額險的理賠次數

許多的產險公司，都會限制超額責任險的投保方式：無法單獨投保，必須附加在第三人責任險之下。意思就是要先投保第三人責任險，才能加買超額責任險。但也有少數的保險公司可以單獨購買，投保前可以多詢問一下喔！

超額責任險，通常額度是五百萬到三千萬不等。這時有一個問題產生了，假設投保的是一千萬的超額責任險，那麼投保的一整年內，最高只有這一千萬的理賠額度可以用？還是只要每次事故，都可以申請最高一千萬呢？答案是兩者都有可能。因為超額理賠分為每次事故跟同一年度，要看你保的超額條款是哪一種。

1. 每次事故重新計算（計次型／保險金額回復型）：每一次理賠都有一千萬可以用。假設第一次事故需啟動理賠金三百萬，因為在一千萬的額度內，所以全額理賠。幾個月後又發生事故，需賠付一千萬，因為額度同樣在一千

萬以內，一樣全額理賠。

2.**同一保單年度（額度型／保險金額帳戶型）**：一整年只有一千萬的額度可以用，用完就沒了。例如第一次事故需啟動理賠三百萬，在一千萬的額度內，因此全額理賠。幾個月後又發生事故，需賠付一千萬，但先前已使用三百萬額度，所以剩下七百萬可使用。

	計次型 （保險金額回復型）	額度型 （保險金額帳戶型）
投保額度	1000 萬 每次都重新計算	1000 萬 同一年度上限
第一次車禍 理賠 300 萬	賠 300 萬	賠 300 萬
第二次車禍 理賠 1000 萬	賠 1000 萬 不用扣除先前理賠	賠 700 萬 需扣除先前約 300 萬

相關問題討論

Q：開車失控衝撞到路人或民宅、倒車撞到路邊的車，可以用超額責任險理賠嗎？

開車失控衝撞路人，先用強制險賠。開車失控衝撞民宅、倒車時撞到路邊的車，先用第三人責任險賠。當強制險或第三人責任險的額度不敷使用，才會啟動超額責任險的理賠！

Q：超額責任險要買多少才夠？

我通常建議投保超額險可以一千萬以上，更高也沒問題。畢竟現在馬路

高級名車一堆，BMW、賓士隨處可見，法拉利、保時捷也見怪不怪。如果哪天碰到價值千萬的超級跑車，即使小小擦撞，可能都是幾百萬的修車費。因此在此強烈建議要將超額責任險列入規劃考量。

Q：我有第三人責任險，還需要保超額嗎？

保超額責任險最主要的目的，就是擔心「高額的財損」，像是撞到超級跑車。所以即使有投保第三人責任險，通常財損可能也才三十到五十萬左右，如果真撞到名車，還是不夠使用的。所以「高額的財損風險」，就是你應該保超額的最主要原因。

Q：超額責任險的保費很貴嗎？

不同的車種，跟每一家保險公司保費都有不同，所以建議直接跟投保的公司詢問即可。

如果你有保第三人責任險，表示你的保險觀念非常好。行有餘力的人，多加超額責任險，就可以補上最後一層救命網。在此誠心建議，超額責任險的錢真的不能省。我自己的汽車跟機車超額責任險保額都是三千萬，開車上路真的會有一種神奇的安心感。希望看完這篇文章，各位都可以體會第三人責任險和超額險的重要性。

04 車禍受傷，務必當日就醫！

　　許多人發生車禍覺得沒事，就沒去看醫生了，但這種做法是錯的！先說結論：如果不幸發生車禍受傷了，請記得「當天」，務必當天到醫院去就診。否則日後要跟對方談和解，或是申請保險理賠，都可能會產生很大的爭議喔！

　　主要是因為兩個原因：一、請求賠償的依據；二、避免小傷變大傷後的舉證責任。

1. **求償的依據**：當車禍發生之後，雙方都得提出各自損害的證據（例如診斷書），來做為和解時的籌碼。如果沒有在「當日」或盡快去就診，到時對方可能會主張你的傷害不是車禍造成的。所以車禍當下處理完畢後，要盡速到醫院就診，讓醫師診斷。這是為了保護自己的權益，也是讓對方賠償時心服口服的做法。

2. **避免小傷變大傷的舉證責任**：有些人發生車禍小擦傷並不在意，所以沒去醫院，結果過幾天才發現原本的小傷口，竟演變成蜂窩性組織炎，甚至導致敗血症，讓原本的小傷口導致最後死亡。如果在一開始沒有開立證明，過一陣子才說是因為車禍引起的，對方很可能不會買單。設身處地思考一下，如果車禍後對方說沒事，結果一個月後身故了，才說是當時有傷口感染沒處理好，你會願意接受嗎？所以只要發生車禍造成傷勢，即使只是小擦傷，都要到醫院讓醫師看看。避免小傷口的不慎，演變成糟糕的情況。

　　至於申請的文件，多數醫院把診斷證明書分為「甲種」跟「乙種」。甲種針對訴訟用途，乙種則是一般用途。若僅為一般保險理賠，乙種就可以了（有一些醫院僅有乙種）。

　　在法律上而言，兩者都是證明文件，證據能力是相似的（但費用差了十倍）。因此若無特別的需要，「乙種」診斷證明書就足夠了，不要以為申請「甲種」就比較「有用」喔。

05 ｜ 為什麼保費又變貴了？
教你計算車險保費

　　許多人對於車險保單的保費漲跌不太瞭解，這篇就來簡單說明。汽車保險的保費是將「年齡、性別、肇事紀錄」這三項列入保險費率計算當中。

從人因素：年齡

　　年紀越輕的駕駛人容易超速，肇事機率相對較高，所以保費較貴。年紀較大的人騎車速度通常較慢，但反應的速度不及年輕人，因此肇事率也不低。但對於中年人而言，其心態較為成熟，已不像年輕時的莽撞，其生理心理上皆是最佳的時刻，因此肇事率是最低的。

從人因素：性別

　　跟性別也有很大的關聯性，女性速度通常較慢，其行車過程中較為謹慎，因此肇事率低。但男性開車就比較狂野，容易有逞強或逼車超車等行為出現，肇事率自然比女性高。

從人因素：肇事紀錄

　　開車時常肇事，就代表這個人可能是開車技術不佳，或是有上述的個人因素所導致。因此隨著肇事紀錄的增加，保費也會更著調漲。反之若保持無肇事紀錄的被保險人，其保費也可以下降。

　　關於肇事紀錄，要分成「強制險」跟「第三人責任險」來談。

1. **強制險的肇事紀錄係數**：沒有任何承保紀錄的話，從第四級開始計算。前一年沒有賠款紀錄降低為第三級（減少保費18％）；如果前一年有賠款紀錄，每次理賠就會提高三級（加費30％）。最多是第十級（保費增加60％）。

違規肇事紀錄等級係數	
等級	係數
1	0.70
2	0.74
3	0.82
4	1.00
5	1.10
6	1.20
7	1.30
8	1.40
9	1.50
10	1.60

2. **第三人責任險的肇事紀錄係數**：這個又細分成「車體損失險」跟「第三人責任險」。下圖是我父親的車險保單，從保單中的右邊可以看出「賠款紀錄係數」是將第三人責任險跟車體損失險區分出來的。因此兩者的係數計算不同。

使用人：			
國籍/性別/婚姻：	本國 男 **	廠 牌 / 車 型：三陽SYM國產	
被保險人生日：	53年**月**日	原始發照年/月：081年09月	
被保險人年齡係數：	1.00	車身/引擎號碼：	
排氣量：124		賠款紀錄係數：車責：-0.3　車體：0	

車體損失險賠款紀錄：點數

無賠款年度點數		賠款次數點數	
無賠款年度	點數	累計過去三年賠款次數	點數
3 年	-3	1 次	0
2 年	-2	2 次	1
1 年	-1	3 次	2
0 年	0	4 次	3
		4次以上，每增加一次賠款，點數即增加一點。	

賠款紀錄點數	賠款紀錄係數
-3	-0.6
-2	-0.4
-1	-0.2
0	0
1	0.2
2	0.4
3	0.6
3點以上每增加1點，賠款紀錄係數即增加0.2	

為什麼車體險的理賠率居高不下？

車體損失險是用點數計算的，點數計算方式為：無賠款＋賠款。簡單來說，如果過去一年內沒有理賠，那麼就是「-1」（對照上頁中圖左邊），但過去三年內有出險過三次，那麼就是「2 點」（對照上頁中圖右邊）。「無賠款 -1 點」＋「賠款 2 點」＝ 1 點。對照上圖，賠款紀錄係數則為 0.2，保費就要比一般人增加兩成。假設原本繳兩萬，現在就要變成兩萬四囉！以上就是車體損失險的計算方式。

車體險在過去三年內理賠過一次的話，點數只會持平（如果沒出過險則會 -1 點）。由於車體險跟第三人責任險的肇事紀錄是分開計算的，因此許多人把壞腦筋動到車體險上頭。

車體損失險

險種	甲式	乙式	丙式
保費＝汽車價值乘→	1/10	1/20	1/50
碰撞、傾覆	○	○	碰車
火災	○	○	×
閃電、雷擊	○	○	×
爆炸	○	○	×
拋擲物或墜落物	○	○	×
第三者之非善意行為	○	×	×
不屬特別載明為不保事項	○	×	×

＊實際車體險保費計算，請依照個案而定。

因為許多車主心想隔年不再續保車體險了，於是常發生「不小心」車子刮傷後報出險做烤漆，所以才會有「買車體險送免費烤漆」這種不良說法。（＊僅為說明實務常見狀況，並非鼓勵被保險人這麼做，特此聲明）

第三人責任險的肇事係數總共分為 19 個等級，如下圖：

等級	係數	等級	係數
1	-0.30	11	0.70
2	-0.20	12	0.80
3	-0.10	13	0.90
4	0.00	14	1.00
5	0.10	15	1.10
6	0.20	16	1.20
7	0.30	17	1.30
8	0.40	18	1.40
9	0.50	19	1.50
10	0.60		

1. 如果第一次投保的話，以等級四來計算。

2. 前一年沒有理賠，降低一級（即減少 10% 保費）。

3. 前一年有出險，每理賠一次增加三級（即增加 30% 保費）。

4. 朋友或家人開車出去發生車禍，理賠的係數會算在車主的頭上。

5. 係數是跟著被保險人的，所以出險過一次，名下所有的車子保費都會

一起漲價。

　　強制險、第三人責任險、車體損失險，三者的賠款係數都不一樣。第三人責任險跟車體損失險的肇事紀錄是分開計算的。第三人責任險的理賠是跟著被保險人的，所以出險過一次，名下所有的車子保費都會一起漲價。因此隔年看到保單的保費調漲或降價不要嚇到，得先注意看看過去有沒有理賠過喔！

　　另外，機車的強制險因為考量到作業成本的問題，沒有施行從人因素，所以並沒有保費變更的疑慮。

　　最後一個車險漲價的原因，除了上面提到的「年齡、性別、肇事紀錄」以外，就是保險公司依據整體的理賠率來調整保費。有調漲的，也有調降的。所以即使你沒有任何肇事紀錄，隔年的車險保費，也可能因為整體的理賠率變化，保費增加或減少喔！

　　最後，提供想自學車禍處理的朋友幾本參考書籍，想要進階入門就看《圖解車禍資訊站：第一次打車禍官司就 OK ！》，另外是非常適合新手觀看的《出車禍了！然後咧？》，以及理賠糾紛、調解和解程序《如何處理車禍糾紛？》，這些都是我目前最推薦的實務書籍！

06 | 弄懂汽車折舊，幫你省下二十萬！

汽車保險的賠償實例，如何計算折舊？先說結論：汽車保險真的非常非常重要，請務必投保再上路！本篇就舉一個真實發生的車禍案件，事發過程如下：

1. 肇事車輛馬自達違規跨越雙黃線迴轉，結果撞到六個月奧迪新車。
2. 奧迪有投保車體險，所以修車費都由奧迪車主的保險公司支付。
3. 奧迪車主的保險公司付完修車費以後，找馬自達要這筆錢。這叫做代位求償，原本奧迪得自己向馬自達要這筆錢，但因為有保車體險，所以當奧迪車主的保險公司付完修車費，求償的權利就變成奧迪車主的保險公司的。
4. 由於和解談不攏，所以奧迪車主的保險公司一狀告上法院。
5. 最後結果馬自達要賠償奧迪車主的保險公司兩百零五萬元。

但是，這個案件裡面有一些保險的眉角，非常重要！如果注意到的話，馬自達也許不必付到兩百零五萬那麼高喔！以下內容比較艱深，但非常重要，我盡量用簡單一點的方式說明。

1. 奧迪的修車工資約二十一萬，零件費用約兩百二十五萬（看誰還敢不保第三人責任險）。
2. 車禍發生，零件損失可以主張「折舊」。簡單來說就是車子開久變舊

了，如果原本舊的零件因為車禍而換全新的，那樣車主不是反而賺到嗎？（注意：工資無法折舊）

3. 折舊主要有兩種計算方式，第一種為「平均法」，第二種為「定率遞減法」。法官使用的折舊方法是「平均法」。

4. 要計算折舊得先看「固定資產耐用年數」。汽車是五年，機車則是三年。

平均法計算方式

平均法要先計算出零件的「殘價」，計算公式為：

成本 ÷（耐用年數＋1）＝殘價

零件費用（225 萬）÷（耐用年數 5 ＋ 1）＝約 37 萬 5。殘價計算出來以後，要看「固定資產折舊率表」。

汽車的耐用年數五年，折舊率 20％，計算公式為：

（零件成本－殘價）×20％

（225 萬 –37 萬 5）× 20％ ＝ 37 萬 5。但是因為奧迪車主只開六個月，因此（37 萬 5）×（6÷12）＝18 萬 7。這 18 萬 7，就是平均法計算下的「折舊」，需要從賠償金裡面扣掉。因此總理賠金額計算為：

耐用年數	平均法（0/00）
二	五〇〇
三	三三三
四	二五〇
五	二〇〇

零件成本－折舊＋工資

（225 萬）－（18 萬 7）＋（21 萬）＝約 228 萬。不過，因為有肇事責任比例的問題，奧迪的肇事責任為 10%，在計算賠償金額的時候必須扣除。因此（228 萬）×90% ＝ 205 萬。這 205 萬就是最終的賠償金額，也就是馬自達車主需要付給奧迪車主的保險公司的錢（因為代位求償）。

定率遞減法計算方式

如果馬自達主張使用此法，將可以省下二十萬元。這種方法就比較簡單了，依照耐用年數來看，每年會遞減 0.369 的折舊。

假設一百萬的新車，第一年的折舊就是 100 萬 ×0.369 ＝ 36 萬 9（折舊）。因此即使是新車，第二年就剩下（100 萬成本）－（36 萬 9 折舊）＝ 63 萬 1（扣除折舊後的價值）。第二年再計算就是（63 萬 1）×（0.369）＝ 23 萬 2（折舊）。所以第三年的價值就是（63 萬 1 成本）－（23 萬 2 折舊）＝ 39 萬 9（扣除折舊後的價值）。

所以用這個算就方便多囉！先將零件成本（225萬）列出來，然後直接乘以（0.369）＝ 83 萬（折舊），但是奧迪只開六個月，所以（83 萬）×（6÷12）＝ 41 萬。這 41 萬就是用定率遞減法的折舊金額。最終計算公式為：

耐用年數	定率遞減法（0/00）
二	六八四
三	五三六
四	四三八
五	三六九

成本－折舊＋工資

也就是（成本 225 萬）－（折舊 41 萬）＋（工資 21 萬）＝ 205 萬。別忘了，這 205 萬還要計算（奧迪）的肇事責任 10%，因此（205 萬）×（90%）＝ 184 萬 5。這就是馬自達車主選擇「定率遞減法」後最終的賠償金額。

選錯方法，差很大！剛才「平均法」計算後的賠償金額為兩百零五萬，使用「定率遞減法」卻只需要賠償一百八十四萬，前後差距二十一萬！！

當你明白後，就會知道一個不同的主張，可能影響到二十一萬的差距。如果我是奧達車主，會主張「平均法」，因為可以要到更多錢！但反過來說，馬自達車主就會選擇用「定率遞減法」，因為可以賠比較少。

總結來說，這起事件的馬自達車主，如果有投保「財損」或「超額責任保險」，就不用太過擔心賠償金額的問題（當然前提要保足夠的額度）。奧迪的車主也因為有投保「車體險」，因此修車的錢直接由奧迪車主的保險公司支付，省下去跟對方要這兩百萬的功夫。（馬自達車主並沒有到法院做最後辯論，因此我猜測可能是打算擺爛不賠了。）

而奧迪車主的保險公司付完修車費後，代位向馬自達車主要這筆錢。但雙方談不攏，所以才告上法院，最終判決兩百零五萬（所以這是一起保險公司告人的案例）。這個案例可以帶給我們的經驗是：

1. 第三人責任險一定要投保，注意財損跟體傷的額度是否足夠。

2. 建議投保超額責任保險，因為可以補齊財損的缺口。

3. 如果擔心車禍後跟對方要不回「修車費」，可以投保車體險。

4. 如果擔心車禍後跟對方要不回「醫藥費」，請自行投保醫療險。

5. 請現在立刻去查看你的汽車保險的保障內容。

07 ｜旅平險的基本知識與投保重點

　　在臺灣因為有健保，所以國人的醫療花費比起國外便宜許多。但是出國旅行時，如果稍有不慎，隨便住院一天可能都要幾十萬臺幣，此時就需要透過「旅平險」的保障來轉嫁風險。

　　雖然健保有提供海外就醫「自墊醫療費用核退」，支出的醫療花費可以拿收據回來跟健保申請，但核退金額是有上限的，如果是在高醫療花費的地區，健保住院每日「5618 元」根本無法轉嫁風險。所以即使有健保，出國還是需要旅平險提供的醫療保障才行。

項目 年月	門診 （每次）	急診 （每次）	住院 （每日）
109.01 ～ 109.03	$978	$2,916	$5,618

旅平險的保障內容

　　旅平險主要的保障內容有三項：

意外死亡、失能：在旅遊期間，因為「意外」所致的死亡或是失能，保險公司就會以保險金額去理賠。例如投保一千萬的死亡保額，意外死亡就是理賠一千萬。

意外實支實付：在旅遊期間，因為「意外」所致的醫療花費，可以用「醫療

收據」去向保險公司申請。例如投保一百萬的意外實支保額，在額度內可以申請理賠，但最高不能超過一百萬的上限。

海外突發疾病：在旅遊期間，因為「疾病」所致的醫療花費，可以用「醫療收據」去向保險公司申請。例如投保一百萬的突發疾病保額，在額度內可以理賠，但最高不能超過一百萬的上限。但是，海外突發疾病有兩點需要特別注意：一、海外突發疾病也有等待期，大多數為九十天至一百八十天，如果出國前已經有「該項疾病」的診斷治療或用藥，保險公司將不會理賠海外突發疾病，避免被保險人想利用保險跑到國外就醫申請理賠。二、海外突發疾病對急診、門診不是百分之百理賠，雖然海外突發傷病看起來很像是「實支實付」，但對於「門診跟急診」通常有另外的額度限制。例如有些條款就限制門診僅給付海外突發疾病的 1% 額度，有些則給付 20% 額度，這點請一定要搞清楚，不然發生事故才發現額度不夠就太晚了。

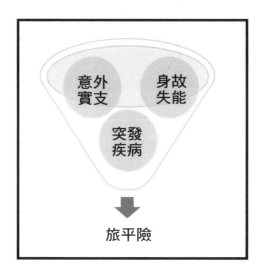

就像選擇意外險一樣，旅平險也有壽險公司跟產險公司可以選擇。但要注意，壽險公司並沒有「不便險」的選擇，如果在意「不便險」，就要從產險公司去規劃。你也可以同時投保「壽險公司＋產險公司」，來達到完整的搭配！

有醫療險跟意外險，還需要保旅平險嗎？

個人商業保險的保障範圍，僅考量到國內的花費額度，所以額度通常較低。但旅平險有考量到國外的醫療花費，所以提供較高的額度。

以「意外實支實付」為例，國人的意外實支額度通常為三萬至十萬左右，這點額度如果在國外碰到意外事故，根本就不夠用。所以像旅平險提供的十萬至兩百萬意外實支，就可以讓人安心旅遊，不必害怕高額的花費。「醫療實支實付」也一樣，許多人醫療實支的保額最多在三十萬左右，但旅平險提供的「海外突發疾病」可以達到一百萬至兩百萬。所以即使原本就有投保醫療險或意外險，出國時「旅平險」仍是不可或缺！

現在許多信用卡公司都提供刷卡附加保障的優惠，旅行社也有提供相關保障。但要注意，信用卡跟旅行社的保障是不完整的，例如「保障期間可能只有搭乘飛機時」，如果沒有保障全程，下飛機以後發生事故就不在理賠範圍了；或是「保障內容可能沒有海外突發疾病」，通常都是「意外事故」，要注意你的信用卡保險有沒有給付海外突發疾病。

旅行社的保險，只保障到意外事故，對於「疾病醫療」是沒有辦法理賠的。而且又得看旅行社的保單額度，有些旅行社的保障額度其實不高。建議把旅行社的保障當成補強就好，重點還是自己的個人旅平險。

上述內容可以簡單整理成下面這張圖表。不過，因旅平險保障內容並無

統一標準，圖表僅供參考，實際情況得依照個別保險契約條款內容為主。

選擇	產險公司	壽險公司	信用卡	旅行社
全程保障	○	○	部分有	○
意外死亡失能	○	○	○	○
意外實支實付	○	○	部分有	○
海外突發疾病	○	○	部分有	×
不便險	○	×	△	△

旅平險的投保重點

旅平險主要有兩項最大的特色：

1. **保障限於旅行期間**：保障僅於旅行期間，當旅行已經結束時保障就跟著結束。如果是旅遊後回國，也回到家以後，因為肚子餓又出門買晚餐，此時若發生事故則不在保險範圍內。但如果是旅遊前往機場或交通工具的路上發生意外，則在理賠範圍喔。

2. **保險期間可以延長**：當被保險人以乘客身分，搭乘領有載客執照的交通工具遇到下列兩件事情時，保險期間會因之而延長，但有其延長的限制：一、

因故延遲抵達而非被保險人所能控制者，保單自動延長至乘客身分終止時，但延長的期限不能超過二十四小時。二、因遭劫持，於劫持中保險期間如果已經終止，保單自動延長有效期間至劫持事故結束。

　　旅平險的條款每間公司都不同，保障也不一樣，真的超級複雜。以下提出幾個我認為比較重要的投保重點：

1.**「海外突發疾病」額度要足夠**：出國最害怕的就是住院的醫療花費，而這點是國內的保險無法承擔的，所以投保旅平險第一個重點，就是要保到足夠的「海外突發疾病」。千萬不要只把注意力放在「不便險」上，「海外突發疾病」才是投保的大關鍵喔！

2.**壽險公司跟產險公司可以搭配規劃**：壽險公司的優勢在於醫療保障，而產險公司的優勢在於綜合不便險。我現在出國，都會尋找一家醫療保障比較高的壽險公司，再搭配一家不便險項目比較完整的產險公司，利用兩者組合出一個完整保障的旅平險。

3.**保障期間要前後多抓一點**：旅平險都是以「二十四小時」做為一天的期間，再加上旅平險保障是「從家裡出發，到回到家」這段期間，建議你將「出發、回來」的時間抓寬一點，讓前後多點保障。假設「一月一日凌晨五點出發，一月二日晚上十一點到家」，我會建議將投保期間設定為「一月一日凌晨三點至一月三日凌晨三點」，如此一來，若是凌晨四點就出發或是半夜一點才到家，無論前往機場或回家的路上碰到車禍，就會在保障範圍內了。

PART

7

保險之後的疑難雜症

01 保單不見了，怎麼辦？
找出全部保單的流程

保單不見了不用緊張，因為保單不是有價證券（例如匯票、本票、支票等），保單只是一份證明文件而已，保險公司並不會因為你沒有保單就不理賠，所以保障完全不會受到影響。

找出所有投保的公司和詳細保單

不過，這篇想要探討的是另外一個更重要的問題，那就是有時候我們連自己或家人有幾份保單、是跟哪幾家公司買的、買了什麼保障、保額多少都搞不清楚。這個時候，你可以做下列三件事來釐清保障內容：一、查詢有投保什麼保險；二、對照手中的保單內容是否正確；三、保單遺失損毀，趕快申請保單。

首先搜尋「中華民國人壽保險商業同業公會」的網站，進入「投保紀錄查詢專區」，再點選「本會受理民眾投保紀錄查詢表」，填寫表單並附上相關資料，寄回壽險公會，等待回信，這樣就可以查詢到所有保單的內容。（＊公會地址：10458 臺北市松江路 152 號 5 樓／諮詢電話：02-2561-2144）

相關問題討論

Q：申請費用多少？誰有資格查詢保單？

查詢每一位被保險人費用是 250 元。有資格查詢保單的是「要保人本人」和「利害關係人」，其中利害關係人包含：一、被保險人本人；二、被保險

人的法定代理人（含親權人、監護人或輔助人）；三、被保險人的最近順位
法定繼承人；四、被保險人的遺產管理人或遺囑執行人。

　　順帶一提，債權人是不得申請被保險人（債務人）保單的。

Q：查詢後會收到所有被保險人的保單嗎？

　　不會。你會收到一份被保險人保險資料的名單，上頭會寫清楚有投保的
保險公司跟相關內容，但不會收到保單。

Q：保單不見了要怎麼申請？

　　向保險公司申請補發即可，每份保單費用約一百元到五百元不等。可上
網搜尋「XX 保險公司 補發保單」，即可找到相關資料。目前有下列幾種方
式可以重新補發：一、直接殺到保險公司櫃台申請；二、請業務員協助申請；
三、打保險公司 0800 電話，請客服郵寄所需填寫文件給你。

Q：我的保單太老舊了，可以申請新的嗎？

　　當然可以。如果你的保單比較老舊（通常為民國九十年以前），大部分
都只有簡單的「保額、保費」等，很多保單上面都沒有附上「條款」。我非
常建議讀者花點錢，申請一份「有條款」的保單放在手邊，因為條款才是你
最大的保障根基啊！同時也可以防範保險公司是否不小心給錯條款，建議再
重新核對一下。

　　最後，總結一下幾個重點：

1. 向「壽險公會」查詢，可以申請到一份「完整的保險名單」。

2. 向保險公司查詢，可以申請到一份「全新的保單」（含條款）。

3. 現在申請死亡證明都會通報保險公司聯絡受益人，因此受益人的資料務必寫清楚（聯絡電話、地址），才能夠將這筆保險金給予需要的人（找不到受益人可不是開玩笑的）。

02 ｜保險理賠分成這三種

　　保險理賠的處理分成三個項目：一、正常賠款；二、協議賠款；三、優惠賠款（又可稱慰問給付）。每個項目都有它的用意存在。

正常賠款

　　符合保險範圍跟條款，金額核對正確無誤後理賠的就叫做「正常賠款」。大多數的保險理賠案件都屬於這種。

協議賠款

　　當產生理賠上的爭議時，有時候雙方會各退一步來處理。例如原本是100萬「賠或不賠」這個一翻兩瞪眼的結果，但雙方都退讓一點可能就會變成50萬去做協議和解。

　　因為有時候保險爭議到評議中心或法院，沒有人可以保證一定賠，還是一定不賠。這種處理方式跟車禍和解類似，都是找到一個雙方可以接受的平衡點來做理賠處理。由於會因雙方的論點攻防而產生不同金額的區別，所以找到一個專業的輔助人是很重要的。

優惠賠款（慰問給付）

　　這種適用於一些原本不會理賠的案件，但因為某些因素的考量（例如商譽）而理賠給被保險人。常聽到的「融通理賠」指的就是這種。例如，有時

候會看到被保險人將保險公司拒賠的消息鬧上新聞，這就是為了要給保險公司帶來壓力。在輿論之下原本判斷不能理賠的，可能就會以慰問金的名義給付理賠金。

但需要注意的是，保險公司有絕對的裁量權，也許第一次融通理賠給你，但接下來不賠你也不能說什麼，因為本來就不是在理賠範圍內的。這種狀況通常發生在一些小金額的理賠上，常見於幾千塊的小額理賠。但如果金額涉及十萬甚至百萬，建議不要奢望保險公司會有融通的可能性。就把這項理賠當成是走在路上撿到錢吧，規劃合適的保險才是治本之道。畢竟不是每天都有錢可以撿，對吧？

03 「既往症」一定不會理賠？

　　「因為你的疾病是既往症，所以保險不會賠喔！」你一定聽過這種說法，但事實上，即使是「既往症」也是可以理賠的！這篇將詳述我的個人看法，不過目前實務與學說並未整合出通說，僅提供另一種不同的觀點讓讀者參考。

　　進入正題之前，希望讀者先有一個正確的觀念：保險是理賠「投保以後」所發生的「新疾病」。如果你在「投保以前」有一些「舊疾病」還沒痊癒，保險當然不會理賠這個舊疾病，例如已經罹患癌症了才投保醫療險，針對癌症的治療是沒辦法理賠的。如果可以賠，大家都等到生病再來買保險就好，不是嗎？

既往症不會理賠？別再聽信錯誤的說法了

　　但是，保險最複雜的就在於此！並非所有以前發生過的疾病，保險通通都不賠，更不是因為既往症就不賠。首先，要瞭解這兩個名詞：「既往症」和「已在疾病」。

既往症：過去曾經發生過的所有任何疾病都叫做「既往症」。例如小的疾病「感冒、腸胃炎」，到大的疾病「中風、癌症、失智」等等，這些疾病都是既往症。

已在疾病：根據保險法第 127 條規範：「保險契約訂立時，被保險人已在疾

病者，保險人對是項疾病，不負給付保險金額之責任。」用白話解釋就是：
「投保時，如果身體存有某項疾病還沒痊癒，針對這項疾病的後續治療就不
會理賠。」也就是前面提到的重要觀念，保險只理賠「新疾病」，不理賠「還
沒好的舊疾病」。

　　為什麼很多人都說「既往症」不理賠？其實不論是保單條款或是相關法
規，你都很難看到「既往症」這三個字。那到底這種說法是從哪來的呢？

　　原由出自於民國六十三年財政部發布的一道公文，要求要研議「人壽保
險投保人須知」。人壽保險投保人須知就是在告訴投保的客戶一些相關的權
益，例如告知義務、除外責任、停效等一些很重要的保單權益內容。每一份
要保書後面都會有一張人壽保險投保人須知，如果你是業務員，好好看看；
如果你是一般保戶，更該看看。

附件：人壽保險投保人須知
◎告知義務：不誠實告知，保險事故發生後，可以不賠。
說明：一 保險法第六十四條規定：「訂立契約時，要保人對於保險人之書面詢問，
　　　　 應據實說明」又「要保人故意隱匿、或因過失遺漏、或為不實之說明時，
　　　　 其隱匿遺漏不實之說明，足以變更或減少保險人對危險之估計者，保險人
　　　　 得解除契約。其危險發生後亦同。」前項解除契約權，自要保人知有解除
　　　　 之原因後，經過一個月不行使而消滅；或契約訂立後經過二年，即有解除
　　　　 之原因，亦不得解除契約。
　　　 二 因保險契約是最大誠信契約，所以要保人（或被保險人）在要保時應將要
　　　　 保書及體檢表內各項，以及壽險公司指定醫師檢查健康狀況時之詢問事
　　　　 項，都要實實在在詳詳細細的說明或填寫清楚，不能有遺漏、隱瞞或告知
　　　　 不實情事。（例如：被保險人有「既往症」或「現有疾病」均應據實告
　　　　 知。）否則，保險人在契約訂立後兩年內隨時可以解除契約。事故發生後
　　　　 亦可不負賠償責任。而且因未盡告知義務解除契約時，其已繳的保險費不
　　　　 予退還。這一點要保人或被保險人請特別注意以免遭受損失。

　　那麼，人壽保險投保人須知跟「既往症」有什麼關係？關係可大了，可以說「既往症」在保險界流傳都是因為這份資料。民國六十三年的公文裡，關於告知義務的部分就有提到「既往症」跟「現有疾病」這兩個名詞。

　　從這邊很清楚地可以辨別，「既往症」跟「現有疾病」是兩種不同的名詞概念：以前發生過的所有疾病，都叫做「既往症」；「現有疾病」則是指保險法第 127 條的「已在疾病」，也就是還沒痊癒的疾病。

　　自從民國八十四年正式發布「人壽保險投保人須知」以後，「既往症」一詞就廣為流傳。直到民國九十九年第一次修正後才將「既往症」跟「現有疾病」這兩個名詞拿掉，改成目前的最新版本。在以前資訊不流通的時代，大家以訛傳訛，最後就演變成用「既往症」去解釋「已在疾病」這種錯誤的說法了。

　　我們可以說保險不理賠「已在疾病」，但不能說保險不理賠「既往症」。因為即使是投保前的「既往症」，只要完全治癒了就不屬於「已在疾病」。既然不是「已在疾病」，當然就是在理賠範圍的「新疾病」。總而言之，請記住以下三個重點：

　　1. 以前發生過的所有疾病都叫做「既往症」。
　　2. 保險不賠「已在疾病」（保險法第 127 條）。
　　3. 保險不賠「已在疾病」，但會理賠「已經治癒的既往症」。

　　假設我曾經感冒，但投保時感冒已經恢復了，該怎麼看？感冒是「既往症」，但不是「已在疾病」（因為已經痊癒了）。很重要，所以再說一次：

感冒是「既往症」，但不是「已在疾病」（因為已經痊癒了），因此保險公司不能因為你以前感冒，就說「感冒是既往症」而不理賠。

保險公司拒賠要有兩大要件：

1. 證明這個疾病是投保時的「已在疾病」。
2. 證明這個疾病沒有「完全治癒」。

所以，如果這個疾病不是投保時的「已在疾病」，保險公司就應該理賠！除非保險公司可以證明這個疾病是投保時的「已在疾病」，還沒痊癒，那就不在理賠範圍。

例如罹患癌症一個月以後馬上投保，很明顯癌症不可能在一個月完全治癒，因此可以判斷癌症是「已在疾病」。如果這個疾病已經完全恢復了，它會是「既往症」，不會是「已在疾病」。

相關問題討論

Q：如果我投保時感冒，以後感冒都不會理賠了嗎？

當然不是這樣。如果你投保時感冒，那確實是「已在疾病」沒錯，但是感冒會好啊。所以假設投保兩年後又感冒了，保險公司當然不能用「已在疾病」來拒絕理賠。要拒賠可以，必須證明「這次的感冒是投保前的已在疾病，而且一直到兩年後的現在都還沒好」。

投保時的感冒A是「已在疾病」沒錯，但經過一段時間感冒A已經完全被消滅了。後來出現的感冒B已經不是當初感冒A的「已在疾病」，當然就在理賠範圍囉！看懂這個例子，就表示你看懂這篇了。

Q：為什麼說「既往症」不會理賠？

因為搞錯啦！「既往症」是曾經發生過的任何疾病，無論疾病的大小都叫做「既往症」，而保險不理賠的叫做「已在疾病」。

「已在疾病」是投保時還沒恢復的疾病，如果疾病已經恢復了，就不能稱為「已在疾病」，所以「既往症」不理賠這種說法是錯誤的（不然誰還敢買保險）。正確的說法是：不理賠「已在疾病」。

Q：如果我投保時感冒，被批註除外，這樣還會理賠嗎？

不會。因為批註除外已經把「感冒」（呼吸道感染）列為不理賠的範圍，即使當次的感冒Ａ已經完全治療好，日後的感冒Ｂ、感冒Ｃ、感冒Ｄ也沒辦法理賠喔！不理賠的原因並不是「既往症」的關係，而是因為除外。

其實「既往症不理賠」這個說法也無傷大雅，但每次我看到就覺得非常不舒服，因為這會讓許多不懂的人以為只要曾經發生過什麼疾病，保險就沒辦法提供保障了。這是非常錯誤的觀念，也會影響到整體保戶的投保意願，甚至是保險公司理賠時的處理態度。（＊此篇文章僅供參考，如何認定「已在疾病」依照個案的不同而定，特此說明。）

04 | 保險公司拒賠，
可先找金融評議中心申訴

買保險最怕遇到什麼問題？第一當然是買到了不適合的保險，第二則是意外發生了，保險公司卻不理賠。如果遇到保險公司不理賠怎麼辦？難道只能夠走法院嗎？不，你有二條路可以先走，建議先申請「評議」吧。

所有保戶都該知道「金融評議中心」是什麼，依「金融消費者保護法」，當接受銀行、保險、證券等金融服務業提供之商品或服務的金融消費者，與金融服務業者之間發生民事爭議的時候，向金融服務業申訴仍然不能得到滿意的回應的時候，可以向「金融消費評議中心」申請評議。

保戶自救流程：申訴→評議→訴訟

金融消費評議中心會先請雙方當事人來溝通，就是「試行調處」，如果不能調處成功，才由具有專業性與公正性的評議委員，就雙方的主張進行「書面評議」。書面評議的結果，如果是金融服務業應該賠付，那麼投資型商品或服務的賠付金額在新臺幣一百萬元以內，非投資型商品或服務的賠付金額在新臺幣十萬元以內，當金融消費者願意接受，而且金融服務業在事前也以書面聲明在這個額度之內，也願意接受的話，這個評議結果，金融服務業就必須接受。

也就是說，對金融服務業有拘束力。這個拘束力的存在，就是「金融消費者保護法」下的金融消費爭議處理機制，與既有的其他訴訟外紛爭解決機制最大的不同。因為有這樣的拘束力，才能落實對金融消費者權益的保護。

金融消費者保護法 29

當事人應於評議書所載期限內，以書面通知爭議處理機構，表明接受或拒絕評議決定之意思。評議經當事人雙方接受而成立。

金融服務業於事前以書面同意或於其商品、服務契約或其他文件中表明願意適用本法之爭議處理程序者，對於評議委員會所作其應向金融消費者給付每一筆金額或財產價值在一定額度以下之評議決定，應予接受；評議決定超過一定額度，而金融消費者表明願意縮減該金額或財產價值至一定額度者，亦同。

前項一定額度，由爭議處理機構擬訂，報請主管機關核定後公告之。

一定額度是多少呢？請見以下公告：

行政院金融監督管理委員會 公告

四、保險業所提供之財產保險給付、人身保險給付（不含多次給付型醫療保險金給付）及投資型保險商品或服務，其一定額度為新臺幣一百萬元。

五、保險業所提供多次給付型醫療保險金給付及非屬保險給付爭議類型（不含投資型保險商品或服務），其一定額度為新臺幣十萬元。

如果真的不幸遇到理賠糾紛，請搜尋「財團法人金融消費評議中心」的網頁，點選「如何申請評議」欄位，即可以到清楚的訊息。希望讀者都不要有用到的一天，但需要用到的時候這些訊息你得知道。

其實申請保險理賠一點都不難，請翻開保單條款「保險金的申領」，裡面就會跟你說需要提供什麼資料，例如診斷證明書、醫療收據明細、死亡證

明書等等，再附上最基本的保險理賠申請書就可以申請理賠了。

　　難的是，當保險公司拒賠時，身為保戶的我們該怎麼應對？當條款白紙黑字寫說要賠，但保險公司看似有理，但你卻總覺得哪裡怪怪的，又不知道問題點是什麼的時候，你怎麼應對？如果業務沒辦法處理，你怎麼辦？

　　很多沒錢買新保單或是沒有潛力的客戶，遇到理賠爭議時，就被丟在一旁。我遇過太多這種案例，甚至有客戶跟我說：「遇到理賠糾紛，業務員都閃得遠遠的，好像是我們該死一樣。」誰才是真的處理理賠事務的人呢？目前專門處理保險理賠的人，就是保險經紀人了。在相關服務範圍中就有提到「保險理賠申請服務」。（備註：保險經紀人公司的業務員，不一定是保險經紀人。像我雖然有考取保險經紀人證照，但目前的身分就是業務員而已。這點一定要問清楚喔！）

保險經紀人得提供相關服務範圍表

保險法第九條有關保險經紀人得提供相關服務之範圍、項目如下：

服務範圍	服務項目
風險規劃	一 . 人身風險規劃
	二 . 財產風險規劃
	三 . 責任風險規劃
	四 . 損害防阻規劃
	五 . 其他與保險或風險規劃相關諮詢與服務
再保險規劃	再保險規劃與諮詢（註一）
保險理賠申請服務	協助保險理賠申請事宜（註二）

註一：所稱再保險規劃與諮詢，限業經本會核准經營再保險經紀業務之保險經紀人始得辦理，且與原經手之再保險契約無利益衝突者。
註二：所稱協助保險理賠申請事宜，係指非經該保險經紀人洽訂之保險契約所生之理賠申請案件，且限與原經手之保險契約無利益衝突者。

05 | 保險公司說要簽同意書才理賠，而且只賠這次？

　　「請問大仁，保險公司說要簽同意書才會理賠，而且只賠這次，以後都不賠，這樣我該簽嗎？」這是在實務上時常發生類似的案件，我自己也碰過幾次求助的詢問。

　　然而，對於這類的案件，主管機關早已發函表示：

> 金管保理字第 10102075411 號
>
> 　　保險公司辦理手術協議給付，如有違反公平原則要求保戶簽立同意未來施行相同手術不再給付之同意書，則恐涉有免除或減輕保險人依保險法應負義務之顯失公平情事，依保險法第 54 條之 1 規定，保險公司仍應依約定承擔給付義務，不得有違反公平原則要求保戶簽立是類同意書之情事，以維保戶權益。

　　白話翻譯就是「不能利用保戶的無知，簽立日後相同手術不理賠的同意書，這是損害到保戶權益的」。所以當你遇到保險公司要求簽同意書才賠的時候，可以列印上述的函號給對方參考。

　　若對方仍堅持不賠，請找「金融評議中心」做申訴處理。（＊詳見 224 頁〈保險公司拒賠，可先找金融評議中心申訴〉）

　　「保險公司說這是融通理賠，有賠就很好了？」於理，保險是一份契約，如果在保險範圍該賠就賠，沒有什麼只賠這一次；於情，有時候不在保險範

圍內的小額理賠，保險公司因特殊考量會以「優惠賠款」的方式放寬賠下來。

但是，能理賠很開心，不過當遇到「融通理賠」的時候就無法適用此篇函號，因為本來就不在理賠範圍。（＊詳見 217 頁〈保險理賠分成這三種〉）

建議讀者不要把特例當成慣例，一切還是依照保險條款為主，事前規劃正確的保險商品才是最重要的。

06 ｜保險理賠同意書，不要隨便亂簽！

最近在 LINE 上碰到一位朋友的諮詢，他問了兩個問題：

1. 八年前理賠時，保險公司要求簽署協議書，才會理賠當次保險金，並且後續不再理賠，這種協議書有效嗎？

2. 沒有簽署協議書，保險公司直接在理賠明細表中，寫上「理賠僅限五次」，這樣的規範是有效的嗎？

如果這在看這篇的讀者，跟我的這位客戶一樣，不清楚這兩個問題的答案，沒關係，這篇將會好好說明。

首先，保戶在何時會接觸到協議書（同意書）？在理賠實務上，保戶認為應該理賠，保險公司認為不該賠，雙方就會產生爭執。在這個時候，保險公司可能就會提出「理賠協議書」、「理賠同意書」。

假設保戶動了 A 手術，但保險公司認為 A 手術不在理賠範圍，經過雙方討論過後，保險公司決定退讓一步，於是協議書上就寫「本次為融通理賠，以此次為限，後續不再理賠」。

類似這種的協議書非常多，有的「只賠一次」，有的「只賠 X 次」，有的規定「一年內只賠 X 次」。理賠協議書的內容因為沒有標準可以參考，所以會出現各式各樣的理賠數字。

只要簽名，就具有效力

這個時候也許有些保戶，會覺得太過麻煩不想拖延，或是想早日拿到保險金，於是就草草簽名了事。但是，這種「簽名」，都是具有效力的！

任何你簽名的協議書、同意書，都是「一份雙方合意的契約」。也就是說，這份契約是經過你們雙方認同所簽署的，上頭的內容當然就具有效力，也就是雙方都需要遵守才行！

有些人簽名後想反悔，這個時候要推翻協議書的內容可以嗎？可以是可以，但非常不容易。雖然金管會有特地發函警告保險公司，不許讓保戶簽署類似文件，但這個函文「並非沒有漏洞」。

總之，即使金管會有這個函文，但經過雙方簽名的同意書具有效力這件事情，是不容易推翻的（關於理由我不想公開說明，以免被保險公司拿去當成拒賠的依據，這點請讀者諒解）。

所以不要以為「先簽名拿到理賠，後面再來推翻同意書內容就好」，這種想法在處理後續理賠上可能會產生很大的問題。

搞清楚是融通，還是本來就該理賠的

這是最重要的重點，理賠爭議無非就是「該賠或不該賠」。該賠的，叫做應有的權利，本來就該理賠。不該賠的，又賠了，這叫做融通，不要將融通視為權利的一種。（＊詳見 217 頁〈保險理賠分成這三種〉）

如果你的理賠爭議，是屬於「本來應該賠的」，那麼我會建議你先不要簽署這類的「同意書、協議書」，因為那本來就是你應有的權益，怎麼可以讓保險公司去減輕他們的理賠責任呢？

如果你的理賠爭議屬於「本來不賠的」，那麼我會建議你，就收下保險

公司的協議書，接受融通吧。畢竟那本來就不在保險範圍裡頭。但你心裡一定會想，我怎麼知道這該賠還是不該賠？沒錯，這就是最多爭議點所在。關於這一點，因為理賠爭議有千萬種態樣，我也無法一一說明，只能夠提醒讀者依照個案，去決定你要不要接受協議書或同意書，簽名前務必慎重考慮清楚！

沒有簽署協議書的文字，是沒有效力的

有些保險公司不會要求簽名協議書，但會直接在理賠明細表上限制後續的理賠。例如以下有個客戶提問：「請問我妹十多年前曾經投保 XX 人壽終身醫療險，後來病毒疣做了兩次冷凍治療。申請理賠金有順利下來，但後面加上但書，沒有叫我妹妹簽署協議書，就直接告知是通融理賠，一個部位限定五次，請問這樣合理嗎？我們可以怎麼做呢？」

這個例子中提到「限制同一部位以五次為限」，我要特別提醒讀者，這種「沒有經過雙方同意（簽名或口頭同意）」的文字，是沒有任何效力存在的。所以如果以後看到類似的文字，看看就好，那只是保險公司寫來自爽的而已，沒有任何意義，不用擔心以後理賠真的就會受到限制。那些文字是「沒有任何效力」的，不要被嚇到。

相關問題討論

Q：保險公司說簽同意書才賠，我該簽嗎？

關於這點，要先判斷「自己的主張是否合理」。也就是說理賠是否為自己應得的，如果你認為「是，這本來就該賠了」，可以考慮不接受同意書。當然你不簽的同時，也要承受「可能完全拿不到保險金」的這個風險，請務

必注意。

Q：我簽完同意書後悔了，還有救嗎？

有救，但很難救。要救回來有三種可能：一、保險公司大發慈悲同意此協議書無效；二、遇到願意推翻同意書的好心法官；三、遇到保險公司不懂如何主張「這種協議是有效的」。

如果符合其中一種，就可能救回來（再次提醒，還是不要亂簽啦）。

Q：我不簽，保險公司就不賠，那該怎麼辦？

碰到爭議時，如果你「決定不簽同意書」時可以利用的管道：一、保險公司申訴或調處，如果爭議不難釐清，業務員夠專業，就可以在這階段解決。二、提出評議申請，此具有一定程度的拘束力。三、法院訴訟，這是最後的手段。

總結一下，其實理賠同意書簽或不簽，沒有絕對的判斷標準。在實務上有句話「瘦的和解，勝過胖的訴訟」，理賠同意書也是類似的情況，能否接受「瘦的和解」，就要看你自己的想法了。最後再次提醒，這類同意書請不要輕易簽名，都是具有效力的，千萬要小心啊！

07 | 你一定要知道的保險帝王條款

　　保險契約百百條，很多被保險人都搞不懂，不過其他不懂沒關係，這條「帝王條款」對於保戶非常重要，一定要花點時間弄清楚！

　　條款都是保險公司「單方面」設計的，一般保戶不可能去跟他們談論「這個條款應該怎麼寫，那個項目可以怎麼列」。我們只能夠選擇「要不要保」，這樣的契約就叫做「附合契約」。就是由一方擬定合約，另一方決定要不要接受，沒有「一起討論內容」的空間。保戶不可能去跟保險公司修改條款，所以我看到的跟你看到的，都是相同的條款。

　　條款都是保險公司設計的，但還是有很多爭議都是條款解釋的問題。如果條款有不完整的地方怎麼辦？這時候我們就需要「不明確條款解釋原則」，這是保戶對抗條款爭議最大的武器，其中最明顯的表現就是「保險法第 54 條」跟「所有保險契約的第 1 條」：

> 保險法第 54 條
> 　保險契約之解釋，應探求契約當事人之真意，不得拘泥於所用之文字；如有疑義時，以作有利於被保險人之解釋。
> 示範條款第 1 條
> 　保險契約之解釋，應探求契約當事人之真意，不得拘泥於所用之文字；如有疑義時，以作有利於被保險人之解釋。

同樣一段文字，可能有兩種以上不同的解釋，就叫做「疑義」。假設條款為「如果明天下雨，大仁哥可以得到一百萬的獎金」，這樣就可能產生「疑義」了，因為「大仁哥」有兩種可能：一、「大仁哥」是指陳柏霖；二、「大仁哥」是指我本人（對，就是我這個大仁）。

兩種都有可能，請問是指哪一個「大仁哥」？既然條款都是保險公司訂的，寫不清楚要怪保戶嗎？所以這個時候「不明確條款解釋原則」就可以派上用場了。當發生有「疑義」，且有兩種以上解釋的時候，就要對被保險人做有利的解釋。

這條就是文章開頭所提到的「帝王條款」。然而，條款設計難免掛一漏萬，不可能什麼情況都包含到，那就是要對「所有人」都有相同解釋才可以適用。「不明確條款解釋原則」不能只適用「個案」，而是要用「通案」來看。

例如提到「大仁哥」，臺灣人的第一印象應該就是陳柏霖，也就是多數人都認為「大仁哥＝陳柏霖」，只有我本人會對號入座覺得「大仁哥」就是在叫我。在我這種「個案」的情況下才有的「疑義」並不能套用「不明確條款解釋原則」。因為條款應該要對「所有被保險人」做統一的解釋，不能對我是一種「大仁哥」，對其他人又是另一種「大仁哥」，必須要找到一種對「所有人都適用」的合理解釋才可以。所以依照上面的例子，對所有人的解釋上「陳柏霖」才是正確的答案。而對我，只是單純的個案（又不是所有人都叫大仁對吧），所以，這是在運用「不明確條款解釋原則」需要特別注意的地方。

對條款的解釋發生爭議的時候，必須看此種解釋是否對所有被保險人都適用。如果對大家都可以合理適用，這個解釋就沒有問題！如果以後你發生理賠爭議，特別是條款解釋的問題，可依下列三個問題來思考：

1. 條款的解釋是否有「疑義」？（就是兩種以上可能的解釋）

2. 是否對其他被保險人也適用？（要對所有人都可以說得通）

3. 上面兩個答案都是「是」嗎？

　　是是是，湊齊三個「是」，恭喜你可以套用「不明確條款解釋原則」做對自己有利之解釋。以上，希望對你有所幫助。

08 | 保險可以借錢？你該知道的保單貸款

　　長年期的保單經過多年的繳費後，會慢慢累積保單價值準備金。要保人可依保單裡的「保價金」做為擔保，向保險公司借款。畢竟生活中意外難免，如果不提供要保人借款，則急需的時候只能夠走解約一途才能拿回保價金。如果此時偏偏遇到保險事故，被保險人將無法受到保險的保障。

　　因此，要保人急需時可以用保單貸款，同時讓保單存在的兩全方法便應運而生。（作者註：保單貸款的前提，是要保單具有「保單價值準備金」才能貸款。如果像是一些計算脫退率的終身醫療，就無法保單貸款喔！）

保單貸款的優點

　　保單貸款能提供要保人應急，可以只繳交利息，不一定要償還本金，而且不像其他貸款需要多餘的手續費用。這段期間若發生保險事故，保險公司還是得給付保險金。所以保單貸款具有「應急＋保障」的雙重功能。

　　不過要特別注意的是，在保單本息超過保單價值準備金三十日以前，保險公司會以書面發出通知。如果沒有在這三十日返還本息（讓借款本息低於保價金），契約就會進入「停效」。在契約暫停效力的期間，發生事故可是沒有保障的喔！

保單貸款最多可以多少？

　　保單貸款是按照保單價值準備金去計算的，多數約是保價金的七成至九

成，實際金額可以直接打電話向保險公司客服詢問。

為什麼無法貸款保價金的十成，也就是全部呢？原因在於如果今天讓你貸款全部的保價金，保單等於就直接進入停效了。（保單貸款的本息超過保價金，會直接進入停效。）

為什麼從自己的保單貸款出來，還要付保險公司利息呢？原因在於保險公司在收取保費時，已經經過「預定利率」的折算（把這筆保費可以拿去投資所獲得的報酬，算在保費的折扣上），如果今天你把保單裡面的錢借走，保險公司就少了這筆錢可以拿去投資了。所以向保險公司貸款的時候，保險公司會收取利息，來彌補這筆錢無法運用的損失。

保單的「預定利率」越高，保費就越便宜，但是保單貸款的利息就會越高（因為要填補高預定利率的損失）。保單的「預定利率」越低，保費就越貴，保單貸款的利息就會越低（因為預定利率低損失不大）。

	保費	保單貸款
預定利率高	保費低	利息高
預定利率低	保費高	利息低

從這點來看，保險公司其實很歡迎「高預定利率」的保單貸款，因為保險公司現在已經很難找到過去那種6%～8%的穩定報酬了，當然希望把這些錢都借出去來收利息囉！

至於實際保單貸款的利率多少，每份保單跟每間公司規定不同。目前的保單貸款利率大多為4%～6.9%左右，建議直接打電話詢問客服。

保單貸款是要保人的權利

現行的保單貸款實務上需要經過「被保險人」同意（參考保險法第 106 條），所以如果這份保單的要保人是先生、被保險人是太太，先生要去保單貸款借錢出來，就需要經過太太同意。

不過，保險法權威江朝國教授認為：「保單貸款是要保人自行可行使的權利，並不需要被保險人同意！」因為如果被保險人不同意，要保人大可直接解約保單，一樣可以拿到解約金。既然解約不用經過被保險人同意，保單貸款又何須被保險人同意呢？這一點可參考「人壽保險單示範條款第 23 條」及「保險法第 120 條」，兩者都沒有「需經被保險人同意」的文字。（作者註：上述學說僅供參考，實務上仍需被保險人同意簽名，保險公司才會接受保單貸款。）

保單貸款只能短期，不適合長期

在「保單貸款期間」發生保險事故，一樣是可以理賠的。但實務上申請理賠以後，保險公司會將保險金扣除原本貸款的本息之後才給予。這個依據寫在「保險單借款約定書」或「保險單借款重要事項告知書」上，也就是當你填寫保單借款時，單子上通常會有以下這段文字：

> 保險單借款未清償前，如保險公司依約有給付各項保險金、年金、解約金、返還保單價值準備金或其它金額時，或保險契約有辦理減額繳清保險、展期定期保險等變更時，保險公司得無須通知借款人，逕先行扣除未償還的借款本息後，就其餘額給付。

　　如果貸款的本息超過理賠金，保險公司將不會給付，直接從中扣除。例如保單貸款本息三十萬，理賠金十萬，保險公司會直接扣除本息十萬。

　　保單貸款只適合短期，例如幾天、幾個星期的運用，絕對不適合幾年的長期借款。因為如果沒有返還利息，這筆利息會滾回去本金。複利如同原子彈一樣可怕，這樣長期翻滾下，將會吃掉所有的保單價值準備金，這份保單就進入停效了。

親身經歷的保單貸款地獄

　　我一開始會踏入保險業，是抱持著可以在保險業努力賺大錢的念頭，去考了保險業務員證照，後來也順利在人壽保險公司上班。（雖然三個禮拜後就離職了。）

　　剛入行時，對保險完全不熟，所以從家裡的保單開始檢視。沒看還好，一看不得了！家裡當時只有父親跟我在工作，家庭年收入最多只有八十萬，然而我們家的保費一年居然要繳六十萬。以前父親工作收入高，可以支付，後來無法再有那麼高的收入了，母親在找不到退路的情況下，去借了保單貸款。

　　因為先前已經繳了約十二年的保單，於是母親「以保單貸款，養保單」，結果不僅還不起本金，甚至連利息都還不了。等到我檢視保單的那一刻，才知道家裡的保單貸款金額高達兩百二十萬。

　　我立刻把不需要的保險都退掉，能處理的盡量處理，不能處理的就咬牙繼續繳下去（有一些是高預定利率的儲蓄險跟終身險，因為快滿期了，解掉也不划算，只能硬撐完），將保費從原本的六十萬，降到約四十萬左右。甚至去借了利息4%多的信用貸款五十萬，還跟奶奶以每年3%利息借了一百

萬。這才將兩百二十萬的保單貸款降至七十萬左右，減輕了不少還款壓力。

最終，我的工作慢慢起色，弟弟也開始工作，這時才慢慢還清貸款，擺脫了可怕的保單貸款利息壓力。

現在回頭想起來還是心有餘悸，稱它為「地獄」也不為過。

這個經歷讓我下定決心要搞清楚「保險」這兩個字，也成為我不斷分享的動力。為了幫助更多人瞭解正確的資訊，買到合適的保單，也希望幫助更多像我們家這樣的家庭，我最終成立了「淺談保險觀念」部落格及臉書粉絲團，一路寫作至今。

「保單貸款」只是一個工具，而工具端看人如何使用。例如我父親前幾年因為心臟問題需要裝設支架，三個支架總共要十八萬。我們家一時沒有那麼多現金，於是想起了保單貸款，就跟醫師說：「好，我們要用好一點的差額自費，請幫父親裝設吧。」

就像是刀子可以拿來切菜，也可以拿來殺人。保單貸款用得好，可以解救短期資金應急；用得不好，像我們家一樣，如果最後本息超過保價金，保單將進入停效，什麼都沒有。

所以如何抓到這其中的平衡，握好這把兩面刃，就看大家如何運用這項工具了。

09 ｜ 保單買很多年，要繼續繳嗎？
淺談「沉沒成本謬誤」

　　許多人因為家庭或是其他因素，覺得每年要繳的保費，令自己經濟壓力太大，於是問我：「請問這份保單要不要繼續繳？」繳不出保費處理的方式有很多種，可能是展期或減額繳清，或暫時別繳保費使其進入停效等。最不得已的方式才是解約。（＊詳見 244 頁〈保險費繳不出來怎麼辦？教你八個方法！〉）

　　但，很多人聽到我的建議之後，反應是：「可是我已經保很多年了，已經繳很多保費了，這樣保費不就浪費了嗎？」內心還是覺得保留原本的保單比較好。其實，這種害怕損失的心理，在經濟學上有個專有名詞，就是「沉沒成本」。

你的時間也是一種「成本」

　　舉例來說，你可能滿心期待一部精采絕倫的電影，結果電影非常糟糕，看不到一半你就後悔買票進場了。但，內心出現「既然票已經買了，那就看完再走吧」這種想法，於是你抱著「不想浪費」的想法，坐在電影院把爛片看完。

　　這個例子中，電影票就是你的「沉沒成本」，為電影票付出的錢，不論看或不看這筆錢都無法再回到你的口袋。這個時候你可以做對自己比較有利的選擇，例如離場去看另一場電影，或者回家做自己想做的事，不論是運動或是看書都好。

那個時間你可以去做其他更值得的事情，遠比你待在電影院看一場爛得要命的電影來得好。選擇看完的理由有很多，但不要因為「我買了電影票，所以不得不看完」。這套理論應用在生活中的其他事情也是一樣，例如：我已經讀了這個科系三年、都跟男朋友交往那麼久了、都買票了就看完吧……等等。很多人在做選擇的時候會去思考「過去」早已沉沒的成本，但真正該思考的應該是：我已經讀了這個科系三年了→有沒有其他更想學習的東西；都跟男朋友交往這麼久了→真的想跟這個人走下去嗎；都買票了就忍耐看完吧→是不是想看這部電影？

錯了沒關係，更重要的是認錯

不論你之前做了什麼愚蠢決定，付出多少時間和金錢的成本，這些都已經過去了。大方承認自己錯誤並沒有什麼，因為真正該思考的是「當下對自己最有利的選擇為何」。為了完成某件事而持續加碼，可以基於其他很多好的理由，但千萬不要執著於你已經投注許多在上頭這個爛理由。理性地做決定應該意味著：你可以忽視那些已經付出去的成本。不論你已經投入了什麼，真正唯一該考慮的是當下，以及你所決定的未來！

保險也是，買錯就買錯了。不值得的戀人，即使付出再多愛也不會忽然就變得值得。不知所措不曉得保單去留的你，面臨難題的時候只要這麼問自己：留下這份保單對我有用處嗎，有沒有更好的選擇？

有用處＋有更好的選擇→可以保留或選擇新的。

有用處＋沒有更好的選擇→保留。

用處不大＋有更好的選擇→可以考慮更換。

用處不大＋沒有更好的選擇→這個狀況比較矛盾，看個人決定。

　　為什麼許多人寧願將不合適的保單留著？理由很簡單，因為一旦放棄這份保單，就代表一開始的決定是錯誤的。我們總是不想承認自己的錯誤，於是寧願當一隻將錯就錯的鴕鳥。如果再選擇一次，你還會做原本的決定嗎？如果有機會回到過去，是否會做同樣的決定，還是轉向另一種可能？如果答案是 YES，就繼續下去；如果是 NO，就不要再欺騙自己，承認錯誤吧！

　　不過，繳了十多年的終身保單，因為過去的預定利率與現在差異極大，我會建議繳完，不要輕易更動（如果身體健康已經出現狀況那更是動不得）。

　　保單的去留並沒有絕對的好壞，請依照自己的狀況做判斷（特別是身體健康有狀況，不建議輕易更動原有保單）。以上僅供參考，舊有保單請務必慎重對待，詢問專業人員或業務協助處理。

10 | 保險費繳不出來怎麼辦？
教你八個方法！

　　保險是長期的契約，難免會碰到手頭緊到繳不出保費的時候，因此當繳費遇到困難時，你得知道有幾個可以做的調整。主要分成兩大項，共八個方法。下列方法都有優缺點，請依照自己的情況選擇，變更時請審慎考慮並向業務員洽詢。

保費繳不出來怎麼辦？

	短期救急				長期調整			
	自動墊繳	保單貸款	變更繳別	停效	降低保額	減額繳清	展期	解約
期間	不變	不變	不變	不變	不變	不變	減少	無
保障	不變	不變	不變	暫停	減少	減少	不變	無
保費	多出利息	多出利息	多出利息	暫停	減少	不用再繳	不用再繳	無

短期救急

1. **自動墊繳**：要保書上面會有一個欄位是「自動墊繳」，當你沒有繳交保費時，只要保單內的保單價值準備金高於保費，就可以從保單直接墊繳保費，但需要支付利息。

　　保險期間：不變／保障內容：不變／保費：需繳付利息

2. **保單貸款**：保單累積達保單價值準備金時就可以申請貸款，但這筆錢是需要支付利息的，也因此保單利率越高，利息就越高。

　　保險期間：不變／保障內容：不變／保費：需繳付利息

3. **變更繳別**：如果是用年繳的話，可以把繳別改成「半年繳、季繳、月繳」，不用一次負擔太高的保費。不過改成其他繳別時，總繳保費就會比較多喔！

　　保險期間：不變／保障內容：不變／保費：需繳付利息

4. **停效**：可以看看保單是否有寬限期可以運用，也就是沒繳保費的一個月內都還有保障，可以多出一個月的時間鬆口氣。另外，用信用卡變成下個月才繳費，也能達到同樣的效果。如果真的繳不出來，可以先暫時讓保單停止效力，等到有錢的時候再繳即可。

　　保險期間：不變／保障內容：暫停／保費：暫停

長期調整

5. **降低保額**：例如原本投保一百萬，可以降低變成五十萬，如此一來保費就減少一半，不過相對的保障也減少一半囉！

　　保險期間：不變／保障內容：減少／保費：減少

6. **減額繳清**：簡單來說就是用保單價值準備金，一次繳完保費，從此不必再繳交保費，但是保障額度會相對降低。

保險期間：不變／保障內容：減少／保費：不用再繳

7. **展期定期**：保障內容不變，不過保障年期縮短。假設終身壽險一百萬變更展期後，同樣維持一百萬的保障額度，但是可能從保障「終身」變成「二十年」而已（僅為舉例說明）。

保險期間：減少／保障內容：不變／保費：不用再繳

8. **解約**：如果上述七種方法都行不通，真的繳不出來，最後的方法就是終止契約，也就是解約了。

保險期間：無／保障內容：無／保費：無

　　以上就是「短期救急」和「長期變更」兩種解決方法，在繳不出保費時給可參考。但是，一份好的規劃正常而言不應該遇到繳不出保費的情況。萬一每年繳交保費都覺得非常痛苦，那麼應該停下來好好思考保單是否需要調整了。

11 超過時間沒繳保費，保單會怎樣？

　　保險是一種長期的契約，一繳可能都要幾十年，在這漫長的時間中，總會有人忘記繳交保費。如果繳費時間超過，還沒有繳保費，保單會怎麼樣呢？這一篇就是要來說明，超過繳費時間沒繳費的話，你的保單會有什麼下場？內容有些許複雜，不過卻是非常重要的資訊，建議花點時間慢慢吸收。

　　目前常見的兩種繳費方式，分別是自行繳費或保險公司派業務收費，以及金融機構轉帳及其他方式（信用卡）。

　　自行繳費的方式很多，包括拿單子去郵局、超商繳費，ATM 轉帳，APP 繳費。每間保險公司略有不同，可詢問客服或業務，選擇你最方便的繳費管道。派員收費目前就比較少見了，但仍有少數民眾習慣讓業務員親自到家裡收費的。目前最多人用的是金融機構轉帳（銀行或郵局）以及信用卡。

保險公司發出催告

　　那麼，時間到了卻沒有繳交保費會怎樣？瞭解兩種主要繳費方式之後，就要來談這篇的重點了。當你逾期未繳時，保險公司會發出要求你繳費的通知，這個通知叫做「催告」。簡單來說就是發出掛號信，提醒你「要繳錢了」。

　　但是，並不是每一種繳費方式，保險公司都會發出催告喔！如果你是用「自行繳費或派員收費」，選擇年繳或半年繳，超過時間沒有繳費時，保險公司會發出催告。

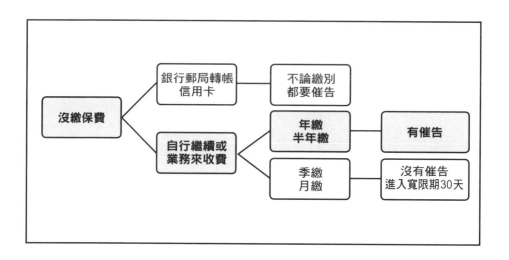

　　但如果你用「自行繳費或派員收費」選擇季繳或月繳的時候，超過繳費時間，保險公司是不會發出催告的。這時保單會直接進入「寬限期三十天」。

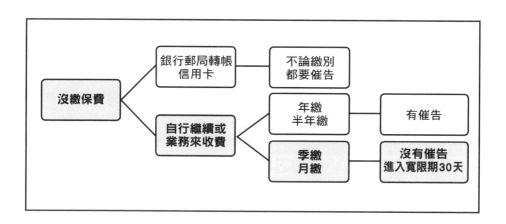

　　什麼叫做「寬限期三十天」？保險一繳幾十年，難免會有忘記繳費的時候，如果有一天剛好忘記沒繳，保單就直接沒保障，這也太不合理了吧？所以示範條款有規定，收到催告之後，會有三十天的補繳保費時間，這就是

「寬限期」。這三十天內如果發生事故，即使沒有繳交保費，還是能夠擁有保障，這是保護被保險人的設計。所以如果超過應該繳交保費的時間，還沒繳費，至少還有三十天可以緩衝。

再來是「郵局銀行轉帳或信用卡」的繳費，如果你是用轉帳或信用卡，不論繳別是什麼，保險公司都得發出催告。

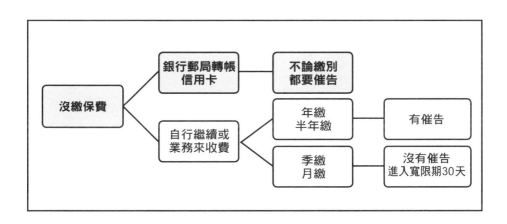

從這點來看就會知道，選擇保費的繳交，最好是選擇「轉帳或信用卡」。這樣不論是「年繳、半年繳、季繳、月繳」，只要忘記繳交保費，保險公司都有通知你要繳保費的「催告」義務。

如果選擇「自行繳費或派員收費」，而繳別是「季繳、月繳」的話，很可能發生忘記繳保費，卻沒有人提醒你的情況。

看到這邊相信讀者一定腦袋發昏，我幫忙整理一下順序：

1. 超過時間沒有繳交保費。

2. 保險公司發出催告（自行繳費或派員收費，季繳跟月繳沒有催告）。

3. 收到催告後，有一個寬限期三十天可以補繳保費。

繳費方式	繳別	是否催告	寬限期
向本公司所在地或指定地點交付，或由本公司派員前往收取	年繳 半年繳	是	自催告到達 翌日起三十日內
	季繳 月繳	否	保險費交付日 翌日三十日內
以金融機構轉帳或其他方式交付	不限繳別	是	自催告到達 翌日三十日內

12 | 超過寬限期，還沒繳保費，保單會怎樣？

　　超過繳費期間沒有繳費，保險公司會發出「催告」通知。收到催告後，就是讓你補繳保費的「寬限期三十天」。流程是：超過繳費期間→催告→寬限期三十天→墊繳。這一篇要繼續說明，超過寬限期三十天會怎樣？先介紹兩個名詞，第一個是「保單價值準備金」，第二個是「自動墊繳」。

保單價值準備金：保單價值準備金通常出現在長年期的保單（例如十年、二十年、三十年等）。假設你投保一份終身保險，二十年期繳費，繳完就保障終身。如果你用二十年期，就等於提前用二十年，把這輩子剩下要繳的保費繳完了。這些提前繳的保費（先繳起來放的概念），保險公司收到後會將錢存起來，作為日後保單相關權利使用，例如解約金給付、保單貸款、減額繳清、展期保險、墊繳保費。這些提前準備的錢就叫做「保單價值準備金」（簡稱保價金）。「保價金」通常運用在「解約金、保單貸款、減額繳清、展期保險」等，都是需要靠保價金去計算的。

自動墊繳：「自動墊繳」簡單來說就是當你超過寬限期，保險公司就會用「保單價值準備金」來墊繳保費。

　　簡單來說就是用你保單的錢，來付你該付的保費。在要保書的填寫頁面上，會有一個「自動墊繳」欄位。你可以自己選擇，超過寬限期還沒繳保費時，要不要用保單價值準備金墊繳。如果沒有勾選同意或不同意，那就視為「同意」。

　　勾選「同意墊繳」，超過寬限期，自動以保單價值準備金去墊繳。等到保單價值準備金不夠用的時候，保險公司會發出「第二次催告」。如果第二次的催告，在寬限期三十天還沒繳費，保單效力就會正式進入「暫停」。在「墊繳期間」發生事故，保險公司還是會理賠喔，只是會從理賠的保險金，扣除原本應繳的保費。

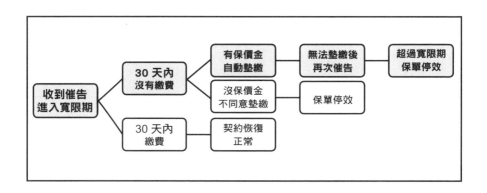

　　勾選「不同意墊繳」，當經過寬限期 30 天後，依然沒有繳交保費，此時保單如果沒有保單價值準備金，或選擇不要自動墊繳。保單在隔天就會進入「效力暫停」，也就是「停效」。

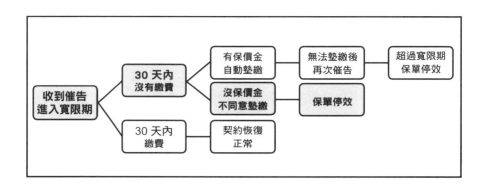

　　自動墊繳會依照繳別，例如季繳，就會用保單價值準備金去季繳；直到保單價值準備金不足夠季繳時，就會改為月繳；而月繳也不夠時，就會改成「日繳」。當最後連「一日的保費」都墊繳不出來的時候，保險公司會再次發出催告，然後又再一次的寬限期三十天。也就是說如果你的保單有選擇「自動墊繳」，保險公司至少得經過兩次的「催告」，保單才會正式進入「暫停」。

　　第一次催告的寬限期三十天結束後→墊繳。
　　第二次催告的寬限期三十天結束後→停效。

　　建議讀者選擇「同意墊繳」，這樣在忘記繳交保費時的空窗期，不幸發生事故，至少還可以有保障。而且自動墊繳還可以讓保險公司第二次的「催告」，增加提醒的次數！

13 | 保險費年繳、半年繳、季繳和月繳的差別

本篇雖然有點複雜，但可以用一句話簡單總結：買保險可以的話，盡量用年繳。因為保險繳別費率是這樣計算的（＊人身商品審查注意事項§219）：保險商品非年繳之各種繳別係數，以月繳對年繳為 0.088、季繳對年繳為 0.262、半年繳對年繳為 0.52 為原則。所以，假設年繳保費都是十萬元：

半年繳：10 萬 ×0.52×2 ＝ 104000（多付 4000 ＝多 4%）

季繳：10 萬 ×0.262×4 ＝ 104800（多付 4800 ＝多 4.8%）

月繳：10 萬 ×0.088×12 ＝ 105600（多付 5600 ＝多 5.6%）

但是總繳保費多，並不代表利息只是那樣而已。假設一萬元的保費，攤成半年繳，就要繳五千兩百元（10 萬 ×0.52）。當繳完第一次五千兩百元的時候，原本的保費應該剩下四千八百元。但是第二次仍要繳五千兩百元，這中間多出來的四百元保費就是支付給保險公司的利息。

跟保險公司預支四千八百元半年，卻要返還四百元的保費，也就是高達 16.6% 的利息（400÷4800×2）。從以上計算可以看出來，可以的話請用「年繳」，盡量不要分期。因為不論哪個繳別，都要負擔相當高昂的利息（以最低的半年繳至少要 4% 起跳）。

如果真的需要分期繳交，也盡量優先選擇「半年繳」，「季繳」跟「月繳」

則是最後的選擇。此外，建議可以找尋可以「免費分期，繳交保費信用卡」。
目前有許多銀行推出保費分期的信用卡，有需要的朋友不妨可使用此方式。

14 | 想要減額繳清？這些事情你得知道

會需要運用到減額繳清，通常有幾種比較常見的理由：一、沒有錢繳保費了；二、有其他更好的保險商品可以選擇；三、不想繼續繳這份保險。

因為「減額繳清」是要保人依據保單所生的權利，所以如果你想辦理，保險公司是無法單方面禁止的喔！

減額繳清的前提：要有「保單價值準備金」

「保單價值準備金」簡單來說就是預先繳給保險公司的保費（先繳起來放的概念啦），保險公司收到後得將錢存起來，這些錢就叫做「保單價值準備金」（以下簡稱保價金）。「保價金」通常運用在「解約金、保單貸款、減額繳清、展期保險」等，都是需要靠保價金去計算的。所以你想知道自己的保單能不能減額，最基本的判斷標準就是看「有沒有保價金」。如果有保價金的話，基本上就是可以辦理「減額繳清」的保險商品。

以下挑出三個保險商品，整理成下表供參考。圖片上方為二十年期的 A 終身壽險，圖片中間為十五年期的 A 終身壽險，圖片下方為二十年期的 B 終身壽險。

A 終身壽險（20 年期）

年度末	年齡	現金價值金額	保單價值金額	年末解約金	減額繳清保險基本保額	累計年繳保費
1	0	0	0	0	0	1,740
2	1	1,180	1,480	1,180	5,010	3,480

A 終身壽險（15 年期）

年度末	年齡	現金價值金額	保單價值金額	年末解約金	減額繳清保險基本保額	累計年繳保費
1	0	290	380	1,180	1,250	2,150

B 終身壽險（20 年期）

年度末	年齡	現金價值金額	保單價值金額	年末解約金	減額繳清保險基本保額	累計年繳保費
1	0	210	240	210	750	2,410

如果選擇二十年期的 A 終身壽險，你會發現第一年沒有保價金，也沒有辦法減額繳清的額度。得等到繳完第二年的保費，才會出現一千四百八十元這筆保價金，也才有後面的五千零一十元減額繳清額度。

如果選擇同樣的 A 終身壽險，但把年期改成十五年期，你會發現第一年就有三百八十元的保價金，以及第一年的一千兩百五十減額繳清額度。

為什麼同樣是 A 終身壽險，會因為年期的不同，產生不同的結果呢？原因在於，保價金的產生是依照「保費」來計算的，要繳交足夠的保險費才會產生「保價金」。所以雖然同樣為 A 終身壽險，但「二十年期」只繳交一千七百四十元，而「十五年期」繳交兩千一百五十元。就是這少少的金額，造成一個有保價金、一個沒有的情況。

所以，能不能減額繳清，要看「有沒有」保價金，如果有保價金才可以辦理減額。

至於 B 終身壽險，雖然為二十年期，但由於第一年的保費高達兩千四百一十元，所以第一年就產生「保價金」了。通常年期越短，十年期單一年度的保費，會比二十年期高（但總繳會比較少）。在保費比較高的情況下，

十年期就會比二十年期更快產生保價金（或是更多的保價金），所以能更快減額繳清。

減額繳清，跟年期沒有關係

有些保險商品第一年就能夠減額，有些要等到第二年才可以，這跟「繳費年期」本身無關，而是跟「有沒有保價金」有關，這一點大家請務必區分清楚喔！所以你該注意的不是年期，而是「有沒有保價金」。以上圖為例，第一年沒有保價金，所以無法辦理減額繳清，得等到第二年有保價金之後才可以。

如果經濟出現困難，或是不想再繳交更多的保費，但又沒有保價金可以減額，那該怎麼辦？如果你想減額，但又還沒保價金的時候，你可以做一件事情，就是繳最少的錢「讓保價金更快產生」。沒人說你一定繳滿兩年保費，非得「年繳」不可啊。

如果你繳了一年保費，還沒有保價金，這時候該怎麼做？再繳第二年保費？不，有更快速的方法：將原本的「年繳」改成選擇「月繳、季繳、半年繳」，如此一來就有可能會出現「第一年保費」＋「第二年的第一個月保費」＝產生保價金的情況。等於支付了十三個月的保費，就產生保價金了，不用真的繳滿兩年才有喔！

要特別說明的是，有沒有保價金得看個別商品，並非所有的保險都只要十三個月就有保價金，以上僅為說明所需，僅供參考。

再次提醒，要有保價金才能辦理減額繳清，至於保價金如何產生，跟年期無關，跟你所繳出去的保費有關。繳的保費越高，越可能更快形成保價金。所以你可以繳完一年以後改成「月繳」或「季繳」，藉此達到更少的保

費，更快累積到保價金的方式。

那麼，減額繳清什麼時候可以提出申請？目前保險實務大多為「下次繳費日的前一個月」要提出申請。如果已經超過繳費期間，不好意思，保險公司款項扣下去，你就得等下次繳費日之前才可以申請了。

「減額繳清」以後就不能增加附約了？

主約減額繳清，還是可以提出增加附約的請求。不過，無奈的是，保險是保險公司賣的，他要不要承保你提出的附約，決定權在他手上。目前保險實務來說，通常主約辦理減額繳清以後，保險公司對於增加附約的請求通常會拒絕。想要附約，大多得重新買一份主約。

所以減額繳清以後就無法增加附約是不精確的說法，正確來說應該是減額繳清以後，保險公司很可能會拒絕你提出的增加附約申請。（但也不排除有佛心保險公司願意接受，這種事情不一定嘛）

辦理減額繳清時要填寫「契約變更書」，然而有些保險公司會在契約變更書上做一些「特殊設定」，例如下圖範例：

□ 17. 主約變更為繳清保險，「分紅選擇」同意變更為「儲存生息」，其他附約如下勾選方式處理。
　　　□所有附約同時終止。　　　□保留已繳費期滿附約及已達豁免保險費
　　　　　　　　　　　　　　　　　　附約。其餘附約終止。
　　　□所有附約保留，續期繳費同時變更為年繳。（不保留的附約於申請
　　　　書第 16 項勾填終止）

□ 21. 其他變更或補行聲明事項 ＿＿＿＿＿＿＿＿＿＿＿＿＿＿＿＿＿＿

當你選擇主約減額繳清時，得另外勾選「附約該如何處理」。但注意到

畫線的部分，續期繳費需要「同時變更為年繳」。一旦勾選了，就代表你同意保險公司將你原本的附約的「繳別改成年繳」。那如果你想維持原本的「月繳、季繳、半年繳」，那該怎麼辦呢？

　　教你一個小祕訣，每間保險公司的契約變更書最後面，都會有一個欄位為「空白說明」，這個欄位就是要讓你填寫「契約書裡面無法說明清楚」的事項。所以如果你不想因此把附約改成年繳，但又想要主約減額繳清，你可以在「空白說明」（如上頁表格 21 項）那邊寫上：「主約辦理減額繳清，附約保留，維持原本繳別。」如此一來就不用擔心因為主約減額，附約就得強迫年繳的問題囉。

　　為什麼許多保險公司都會做這樣的「改附約為年繳」的設定呢？原因在於一份保單通常主約的費用最高，附約的費用很低，有些附約甚至每個月只繳幾十塊錢。保險公司可能會為了一個沒多少錢的附約，就得一年扣款很多次，造成許多行政上的負擔與預算的支出。所以站在保險公司的立場，當然希望你直接把附約改成年繳省事。

　　但是站在保戶的立場，你想選擇繼續維持原本的繳別，保險公司也無法強迫你一定得更改喔！

　　再次提醒大家，減額繳清是要保人的權利，你想辦理沒有人可以阻止。但是在辦理之前，請務必清楚瞭解減額繳清的利害關係，不要隨意更動保單內容，以免造成無法挽回的後果。

15 | 什麼時候可以減額繳清？

　　當你申請「減額繳清」的時候，保險公司卻說要「繳費前一個月」才能辦理，有這種限制嗎？這篇就是要分析實務上目前針對減額繳清的不合理規定。

　　首先「減額繳清」是要保人依據保單的權利之一，就像要保人可以隨時終止（解約）這份保單一樣，只要滿足條件就可以向保險公司申請，保險公司不得拒絕。

　　那麼，申請「減額繳清」要滿足什麼條件呢？答案就是「保單價值準備金」。

有保單價值準備金，就能夠減額繳清

　　只要有保單價值準備金（以下簡稱保價金）就可以申請辦理減額繳清。然而保單裡頭的保價金，每天會慢慢增加，通常是下次繳費日前一天達到最高。例如你的保單在一月份生效，你選擇年繳，假設第一個月就產生保價金，那麼 一月份的保價金會是最低的。接下來二月、三月、四月，保價金會隨著時間逐漸上升，直到十二月時來到最高點。簡單來說，你交出去的保費放在保險公司那邊越久，你的保價金就會越高。

　　這邊要特別注意，一月份的保價金，跟十二月份的保價金是完全不同的。所以如果你有買儲蓄險保單的話，可以留意到解約金或減額繳清金額那邊，有些會寫「年末」的解約金，意思就是十二月份的解約金數字。

實務上，通常會限制繳費前一個月辦理

在目前的保險實務上，保險公司受理減額繳清的時間點，通常為「下次繳費日前一個月」才能申請，如果提前申請的話，通常會被退件，要你等繳費日前再重新送件。

其實「減額繳清」跟「解約」一樣，都是要保人的保單權利，要保人想要什麼時候解約就什麼時候解約，保險公司是不能拒絕的。但為什麼辦理「減額繳清」保險公司卻要限制繳費前一個月才能申請？原因在於，保險公司想保護要保人跟被保險人。

看到這邊你一定覺得很奇怪，為什麼限制繳費前一個月辦理是保護要保人跟被保險人？因為「減額繳清」是一種用保價金換算降低保額，使被保險人的保障減少的一種處理方式。當保價金越高，可以換算的保額就越高。相反地，保價金越少，可以換算的保額就越低。

保價金高→減額繳清後的保障高
保價金低→減額繳清後的保障低

有這個基本的認知，再回到剛才提過的，保價金會隨著時間慢慢增加，直到下一期的繳費日，到達最高點。所以如果你的繳費方式為「年繳」，繳費日是一月，那麼你的保價金最低點就是一月份，最高點就是十二月份。

一月份的保價金最低→ 一月份辦理減額繳清後的「保額最低」
十二月份的保價金最高→十二月份辦理減額繳清後的「保額最高」

　　當你選擇年繳，卻要在一月就辦理減額繳清的時候，是一種最笨的選擇。因為減額繳清跟「解約」不同，解約是可以馬上拿到解約金，至少對急用的人有幫助。但當你選擇「減額繳清」的時候，最大的好處就是不用再繳後續保費而已，然而保障依然存在。在這種情況下，選擇十二月減額繳清的人，保額自然會比一月減額繳清的人高。簡單來說，你提前辦理減額繳清根本一點好處都沒有，反而充滿許多壞處。

　　以下舉例，假設小明有一份一百萬的壽險，已經有保價金，它有兩種選擇（以下數字僅供參考）：一、在一月份辦理減額繳清，當月保障馬上降低，保額剩下二十萬。二、在十二月辦理減額繳清，當月保額馬上降低，保額剩下二十五萬。

　　可能發生兩種情況，一種是小明十一月身故了，另一種是小明隔年身故了。對照第一種情況，如果小明一月就辦理減額繳清，保額剩下二十萬，結果十一月身故了，那麼受益人只能拿到二十萬保險金而已（因為已經提前辦理減額繳清）。如果隔年身故，受益人一樣拿二十萬保險金，所以在這兩種情況，受益人最終拿到的保險金都是二十萬。

　　如果小明十二月才辦理減額繳清，結果就差很多囉。因為小明十一月身故時還沒辦理減額繳清，所以保額還有一百萬，那麼受益人就能夠拿到一百萬的保險金（因為還沒辦理減額繳清，所以維持原本的保障）。如果小明十二月辦理減額繳清後，隔年身故，因為比較晚辦理減額繳清（保價金變比較高），所以保額相對來講比較高，受益人拿到為二十五萬的保險金。

　　看完上面兩個例子就會知道，為什麼保險公司都要限制「繳費日前一個月」才能辦理減額繳清了。因為提前辦理減額繳清，對被保險人一點好處都沒有（不像解約可以先拿到錢，提前辦只是提前讓保障降低而已）。如果因

為提前辦理減額繳清，然後身故了，反而可能會造成很多爭議。

所以保險公司通常都會私自決定，要繳費日前一個月才讓你減額繳清，這就是主要的原因。一來保護被保險人，使其擁有最長最高的保障。二來也避免後續發生理賠的爭議。

保險公司這種做法正確嗎？

從情理上來說，這是保險公司的「防呆機制」，避免一些不懂的保戶因為提前辦理減額繳清而失去應有的保障。然而，從契約上來看，保戶想什麼時候辦理減額繳清，都是他自己的權利，保險公司沒有任何拒絕的權利，更別說是擅自拿繳費日前一個月才能辦理這種規定出來。

你可以隨便找一份保險契約，有談到「減額繳清」條款的，幾乎都是像上面這種寫法。我看了上千份保單，目前為止還沒看過有一份保單，在減額繳清的條款上寫著限制繳費日前一個月才能辦理的規定。

正確的答案是，保險公司根本不能拒絕，如果你提前申請減額繳清，那麼保險公司就應該接受。如果被退件，說要繳費日前才能申請，那麼百分之百是保險公司的問題。

保險公司可以善意地提醒要保人「這樣會損失權益」，建議等繳費日前再申請就好（例如可以再發一張確認函，詢問保戶是否堅持要辦理減額繳清）。但保險公司絕對沒有「對減額繳清申請擅自退件」的依據。可以善意提醒，沒有權利拒絕。如果今天保戶就是想要吃虧，就是想要減額繳清，那麼保險公司就應該接受，沒有任何拒絕的依據！沒有！

這就跟終止契約（解約）一樣，即使提早解約會對保戶產生損失，但只要保戶想解約，保險公司只能提醒這樣會有所損失，不能擅自拒絕。

最佳的處理方式

如果有客戶想提前申請減額繳清（怕到時候忘記申請，又被扣款）那該怎麼辦呢？目前我看過最佳的處理方式，是某間保險公司的契約變更書，它直接在「減額繳清」的項目上面備註「異動生效日為最近繳費日」。

簡單來說就是不論什麼時候申請，減額繳清的日期都直接幫你設定為「繳費日前」。這種做法我實為贊同，這是非常非常好的方式。

其實實務上有些保險公司會以「繳費日前一個月」為限制，除了是保護客戶的權益外，有部分也是節省自己的行政成本，不必像上述那樣特別在繳費日前才幫保戶計算，省掉這些功夫。所以這間保險公司做作法，實在值得鼓勵，希望所有保險公司都能效法！

16 為什麼保險主約，不該輕易「減額繳清」？

應該有許多讀者看到這個標題會想：「大仁到底想說啥？」如果你這麼想，我完全不意外。但請你先冷靜下來，聽聽不一樣的看法，也許看到最後你的想法會有所不同也說不定。

前文已經清楚解釋過何謂「減額繳清」，不過，不是每一份保單都可以辦理減額繳清喔。通常為「長年期保單」（投保期間超過一年以上）才有。許多「終身醫療險」因為考量到「脫退率」，所以沒有解約金，也沒有辦法申請減額繳清。（*關於脫退率，詳見 272 頁〈為什麼我的保單沒有解約金？淺談「脫退率」〉）

> 人身保險商品審查應注意事項
>
> 八十、長年期健康保險繳費期間未滿十年者不得使用脫退率，繳費期間十年（含）以上且使用脫退率而無解約金者，應併同主要給付項目於險種名稱下方標註揭露。

沒有解約金，或無法辦理減額繳清的保險契約，都會有下列這段文字。

> ※ 本保險當被保險人因身故或致成本契約附表一所列完全失能項別之一致契約終止時，因其費率計算已考慮死亡及完全殘廢脫退因素，故其他未給付部分無解約金，亦無退還未滿期保險費。
>
> ※ 本保險健康險部分之費率計算已考慮脫退率，故健康險部分無解約金。

所以好好看看你的保單條款第一頁，如果有寫到「脫退率」的話，通常就是「沒有解約金」，也「無法申請減額繳清」，這點請特別注意！

主約減額，就可以留下附約

為什麼許多人主約會想「減額繳清」？就目前的保險制度而言，投保「附約」之前，一定要有一個「主約」才行。所以想投保附約的被保險人就會找一個「便宜的主約」，來當作買下附約的入門磚。

想像保險公司是一間麥當勞，但這間麥當勞很特別，不能單獨點薯條可樂，想吃薯條可樂，就得連同漢堡一起買。漢堡＝主約，薯條可樂＝附約。你可以單獨投保一份主約，但沒辦法單獨買一份附約，這就是目前的保險契約生態。

可是很多人會說，我只想要「附約」怎麼辦？問題來了，有些人就是只想吃薯條可樂（附約），不想吃漢堡（主約）。但是保險公司又規定一定要買主約，這該如何解決呢？於是就有一些人把腦筋動到了「減額繳清」上。

如果「主約」擁有保單價值準備金以後，就可以辦理減額繳清。減額繳清以後，就不用再負擔主約的費用，還可以保留想要的附約，這不就是一石二鳥的方法嗎？於是對那些不想要主約，只想要附約的人來說，減額繳清成了常見的一項選擇。

保險公司製作一份保單，成本其實很高

講到這邊，終於談到重點了。保險公司在成立每份保單之前，都會經過招攬核保等階段，每一個階段都會消耗相當的金錢成本。直到製作保單以後還得通過契約撤銷期，這才終於能完成一份保單。（＊關於契約撤銷期，詳見 076 頁〈什麼是「審閱期」？什麼是「契約撤銷權」？〉）

　　再加上目前業務員的佣金制度，許多保險公司都是在第一年給予業務最多佣金，之後每年再逐漸遞減。所以有些保險公司賣出一份保單的第一年，都是獲利不高的。

　　在這種情況下，保險公司就會希望被保險人能持續繳交主約保費，讓契約順利維持下去。這樣即使一開始利潤不高，也可以透過後面幾年慢慢回收。所以，如果被保險人繳完第一年保費之後就選擇減額繳清，那麼保險公司就無法順利收到接下來十年、甚至二十年的保費。這對保險公司來說不是一種樂見的情況。

太多人減額繳清，會發生什麼事？

　　有些事情一個人做不會怎樣，但如果換成一群人做，可能就會變成可怕的災難了，減額繳清就是如此，對保險公司的保費計算（大數法則）會造成影響，對其他尚未投保的被保險人也會造成影響。

對保費計算（大數法則）會造成影響

　　少數幾個人辦理減額繳清，對保險公司整體運作不會有太大的影響。但如果越來越多人辦理減額繳清，會發生什麼事情？保險公司的精算將會受到影響。

　　假設原本有十個人，投保一百萬壽險，平均死亡率十分之一。所以每十個人投保，就可能會有一個人死亡，需要理賠一百萬。需要理賠一百萬，那麼保險費至少就得收一百萬（此為簡單說明，請多包涵）。那麼十個人投保，每個人平均就得分攤十萬元保費，這樣其中一個人死亡，才有一百萬可以理賠。

　　一個人繳十萬，十個人一百萬，有人死亡，保險公司剛好賠一百萬。

注意，麻煩的來囉！如果路人 A 繳了一萬元的保費就辦理減額繳清，還有九萬沒繳，保險公司實收保費是九十一萬（扣除減額繳清以後不用繳的九萬）。假設這個時候，這十個人當中死亡的不是路人 A，保險公司還是要理賠一百萬，等於虧損九萬。

當然，保險公司也不是笨蛋，精算師們也計算過「脫退率」，知道會辦理減額繳清的人大概有多少，例如每十個人平均就有一個人會減額，所以平均下來對整體運作不會受到影響。

然而，當有一群人忽然違反平均估計，異常辦理減額繳清會發生什麼事？假設原本保險公司預估每十個人會有一個人減額，所以依照這個基準算出應該繳交的保費。結果一夕之間，這十個人出現「八個」減額繳清，會發生什麼事情？

原本十個人，每人要繳十萬，總共一百萬。現在八個人只繳一萬（減額繳清），兩個人繳十萬，實收保費是二十八萬。如果今天是減額繳清那八個人死亡，對保險公司沒有影響。但好死不死是那兩個繳完保費的人死亡的話，保險公司馬上虧損七十二萬（實收保費二十八萬，理賠一百萬）。

如果這個虧損的數字不是幾萬，而是「幾千萬」呢？讀者現在應該明白，為什麼保險公司不太喜歡被保險人輕易辦理減額繳清了吧？因為有些事情一個人做還好，但如果一群人做就會產生很可怕的結果。

對其他尚未投保的被保險人會造成影響

當保險公司發現有大量被保險人異常辦理減額繳清，他們會怎麼做？前面分析了，如果減額繳清的件數太過異常，可能會造成日後理賠負擔上的問題。所以保險公司面對這種狀況怎麼可能不做點什麼呢？面對異常的減額，

保險公司也有對應方法，他們想出來的替代方法有兩種，一是把主約的最低投保額度提高，二是推出「無法減額繳清」的主約。

1. **把主約的最低投保額度提高**：保險公司的主約通常有最低額度的限制（例如終身壽險大多為最低十萬），要至少投保十萬才能出單。當保險公司發現有異常件數的減額繳清時，可能會更改投保規定。例如在實務上就曾有保險公司因太多人辦理減額繳清，而將最低保額十萬，改為最低五十萬元，亦即一下子將主約最低保額提高五倍。為什麼保險公司要這麼做？前面說過，如果太多人辦理減額繳清，將會造成保費收取不足。於是保險公司可能就想：「你那麼愛減額繳清，我就一次讓你付足保費，這樣即使你減額也不會對我造成影響了。」（以上為戲劇化揣摩，不代表實際情況）

2. **推出「無法減額繳清」的主約**：但是將主約最低投保限制定得太高，會讓許多無形中的潛在客戶因為主約保費太高而退縮。於是有些保險公司就轉而推出「無法減額繳清」的主約，提供給那些「想要便宜主約」的人。如果一來，被保險人可以買到便宜的主約，保險公司也不必承擔異常減額所造成的不確定風險，是雙贏的做法。

太多人異常辦理減額繳清，最大的影響是造成保險公司對於保費的估計錯誤，導致無法收取應有的保險費。再來，保險公司如果因此而提高投保規定，把主約保費拉得更高，對其他想投保的人不是很不公平嗎？本來可以用最低保額十萬投保，現在被許多人減額繳清一搞，變成要五十萬才能投保，一來一往保費就差距了五倍。

別人原本就不想吃漢堡（主約）的，因為太多人減額繳清，反而變成一

次得買五個漢堡（五倍保費）。這就是我說的，你覺得一個人做沒問題的事情，換成一群人做，就不一定是這麼一回事了。我認為會造成這些問題的原因，主要有兩點：

1. 原本沒打算減額繳清的人，卻被建議辦理減額繳清，導致跟保險公司精算上有所出入。假設原本十個人，平均減額繳清一個人，但有另外七個人原本不打算減額繳清，在別人的建議下也辦理了，就會形成上面說的，保險公司收取保費跟理賠上會有所出入。

2. 保險公司應該重新精算，推出更適合現在民情的商品提供選擇。既然保險公司已經發覺減額繳清的狀況，就應該重新精算保費，重新預估「現在」的減額繳清件數平均到底是多少。這麼一來就可以推出符合民眾期待的保險商品，又不會影響理賠負擔。

這篇文章不是要讀者「不要辦理減額繳清」。如果你真的因為經濟上的負擔，或是其他不得已的原因辦理減額繳清，完全沒有任何問題。減額繳清本來就是為此而存在的。

如果你投保主約的本意就是想要減額繳清，這也沒有錯，一切合乎契約條款規定，這是你的權利，沒有任何問題。我只想提醒一點：在投保前，建議可以多找找是否有其他合適的主約（不用辦理減額繳清）就能投保的，如此一來才是對保戶及保險公司雙贏的做法。

17 │ 為什麼我的保單沒有解約金？
     │ 淺談「脫退率」

為什麼有些保單明明就繳很多錢，卻沒有「解約金」？這篇就是要來分析，你不知道的「脫退率」！

什麼是「保單價值準備金」？

再解釋一次，「保單價值準備金」通常出現在長年期的保單（例如十年、二十年、三十年等）。

假設你投保一份終身保險，二十年期繳費，繳完就保障終身。但是，你用二十年期，就等於提前用二十年，把這輩子剩下要繳的保費繳完了。這些提前繳的保費（先繳起來放的概念），保險公司收到後會將錢存起來，作為日後保單相關權利使用（例如解約金給付、保單貸款、減額繳清、展期保險、墊繳保費）。這些提前準備的錢就叫做「保單價值準備金」（簡稱保價金）。

「保價金」通常運用在「解約金、保單貸款、減額繳清、展期保險」等，都是需要靠保價金去計算的。所以要先有保價金，才會有解約金，這個概念得先清楚喔！

什麼是「脫退率」？

明明就一樣是二十年期，一樣繳完保障終身，為什麼有些保險就沒有解約金呢？這個就得談到「脫退率」。保險是一種長期的契約，特別是那種繳費十年二十年，保障終身的商品更是如此。在這麼長的繳費期間，有些人可

能會因為諸多原因而放棄繳交保費或是解約等等，這些「中途失效或解約」的保單比率，就是「脫退率」。

簡單來說，那些無法繳到滿期的保單，都是「脫隊的保單」

不知道看到這裡你有沒有想到，這些「中途失效或解約」的保單，也有存在「保單價值準備金」啊。照理來說，保險公司應該要給那些人解約金的。但是，依據「人身商品審查應注意事項」，保險公司可以「用脫退率去計算保費」。

簡單來說就是，既然有人中途脫隊解約，保險公司索性將原本應該付出去的解約金，拿來補在「能夠繳到滿期的人」身上，讓一開始大家投保的保費變低。（所以有脫退率計算的保單，保費會比較便宜）

這就是為什麼有些保單明明是終身，卻沒有解約金的原因。因為原本要付出去的解約金，拿去填補在「能夠持續繳到滿期的人」身上，然後將整體保單的保費降下來。

也就是假設「有解約金」的保單，可能一年要繳一萬元。現在因為算入脫退率，保險公司不用付解約金，這樣要收的保費就可以變低。投保「有脫退率」的保單，可能只剩下九千五百元而已。這中間五百元的落差，就是算入脫退率的原因（此僅為舉例示範，並不代表實際計算數字）。所以，通常有用「脫退率」計算的保單，都會比較便宜一些。

「脫退率」出現在「健康保險」

「健康保險」指的就是「醫療險、實支實付、癌症險、重大疾病險、長期照顧保險、失能扶助險」等等這些因為疾病所需要理賠的保險。

按照「人身商品審查應注意事項」第 70 點、80 點，繳費期間超過十年

以上的健康保險，就可以在保費計算中加入「脫退率」來降低一開始的保費。但一定得在條款中註明，所以如果要知道你的保單有沒有算進去脫退率，看條款的第一頁就會知道。

　　要提醒的是，雖然有計算「脫退率」的保單，保費會比較便宜。但是有脫退率的意思，就代表這份保單沒有解約金。沒有解約金＝沒有保單價值準備金。沒有保單價值準備金，你就很多事情都沒辦法處理，例如「減額繳清、展期、保單貸款、自動墊繳」等等，因為沒有保價金所以這些通通沒有辦法，很不方便。

　　「脫退率」的設計是好的，可以鼓勵要保人盡量將保單持續繳完，也可以減輕大多數人繳交保費的負擔。但有優點就有缺點，對於那些中途繳不出保費、解約的人來說，可就不是好消息了。因為原本可能還可以有解約金可拿，現在因為投保的是「脫退率」計算的保單，就拿不到解約金了。

　　所以建議大家，在投保有「脫退率」計算的長年期健康保險，一定要審慎評估自己是否可以繳到期滿。能繳到期滿，你就成了「脫退率」計算下的贏家。中途脫隊的，你就成了減少其他人保費的慈善家了。

18 | 診所不行！要在醫院才會賠門診手術？

　　這篇要分析的是「門診手術」理賠的問題，然而更精準一點是在「診所」、「醫院」這兩個場所做門診手術時，是否有不同的答案？「門診手術」會理賠的兩個險種，分別是手術險和有門診手術條款的實支實付醫療險。

　　首先，關於醫院與診所的定義，示範條款僅對「醫院」有定義，對「診所」並無定義。但由於示範條款的定義源自於醫療法，所以實務上若有涉及「診所」的理賠大多也是參照辦理。

> 第二條　名詞定義
> 　　本附加條款所稱「診所」，係指依照醫療法規定設立並具備開業執照之診所。
> 　　本附加條款所稱「醫院」，係指依照醫療法規定領有開業執照並設有病房收治病人之公、私立醫院及財團法人醫院。

　　不過，問題來了，如果條款僅提到「醫院」並沒有提到「診所」，而被保險人在「診所」做的門診手術，是否應該理賠？以下是我碰到的客戶實際案例，這個被保險人在「診所」做門診手術，去申請理賠的時候保險公司說「在醫院」才賠，診所不賠！如果是你，遇到保險公司的說法該如何處理？

　　客戶：大仁哥，請教一下，門診手術有分醫院才理賠，診所不賠這樣的條款？

　　我：要看條款的約定。

客戶：我在條款上沒看到，結果保險員跟我說，醫院他就賠，診所縫合不賠。

重點應該放在「手術的治療事實」

保險契約既然已經約定「理賠門診手術」，重點就應該放在「有沒有治療的必要」及「是否施行手術」這兩點上。符合上述兩點就應該要理賠。至於是不是「醫院」做的門診手術，並非重點。在此以「評議中心」的案例（* 編號 101 評字第 000334 號）做為參考，原文摘錄如下：

另查係爭契約第 15 條約定，被保險人因第 5 條之約定而接受門診手術治療時，相對人應給付門診手術費用保險金，並未明文約定僅限於「醫院」接受門診手術，是被保險人因第二條約定之疾病或傷害於「診所」或「醫院」接受門診手術治療時，保險人自應給付門診手術費用保險金。故相對人主張係爭契約約定限縮於「醫院」接受門診手術治療時，保險人始負有給付保險金之責任並不足採，併此敘明。

以上案例的白話翻譯就是，條款沒有將診所排除，所以在診所做門診手術也應該理賠。簡單來說，此種條款應違反保險法的規定，若條款已經約定理賠門診手術，依照正常合理判斷，大家都會認為只要做門診手術就會理賠了。如果只在醫院做才會賠，反而是與大眾觀點相異的。依照保險法第54-1 條，其約定僅限「醫院」應為無效：

> 保險契約中有左列情事之一，依訂約時情形顯失公平者，該部分之約定無效：
>
> 　　一、免除或減輕保險人依本法應負之義務者。
>
> 　　二、使要保人、受益人或被保險人拋棄或限制其依本法所享之權利者。
>
> 　　三、加重要保人或被保險人之義務者。
>
> 　　四、其他於要保人、受益人或被保險人有重大不利益者。

　　我認為如果保險公司主張診所不賠，至少違反兩點。首先，免除或減輕保險人義務。限制「醫院」的原因主要是防範保險詐欺，例如跑到診所動「心臟移植」這類大手術（誇飾），依照合理判斷診所能動的手術有限（看器材設備跟人員），所以限制「醫院」可以省去保險公司調查的義務（減輕義務）。

　　第二點是，加重要保人或被保險人之義務者。這種約定等於擴大保險公司不理賠的範圍（原本門診手術就該賠，在診所做反而變不賠），變相加重被保險人「一定得找醫院做手術」的義務。假設偏遠地區沒醫院，只有診所，但這個手術診所就能做了，被保險人卻為了要申請理賠千里迢迢跑醫院，這不是加重義務，什麼才叫加重義務？

　　綜合上述兩點，我認為「在醫院的門診手術才賠」的約定違反保險法第54-1 條的規定，應為無效條款。

重點是治療行為，不是場所！

如果真如保險公司所言，只有在醫療法規定的醫院才能賠，請問在國外就醫的時候，國外哪間醫院有臺灣的醫療法適用？那樣難道就不符合「醫院」定義，就不用賠了嗎？

當然不是！重點應該放在是否「有必要接受治療」以及「確實有接受治療」這兩點上面嘛！透過「國外就醫」的這個例子更可以充分顯示出，保險公司執著「醫院」這個定義是非常不合理的，也是加重被保險人義務。

講完冰冷的法條，我們改從常理來看。目前醫療科技日新月異，很多原本需要住院的手術已經改由門診手術替代了。許多「醫術高超」的醫師也都紛紛自行出來立業，在這種環境下診所能夠取代醫院的項目已經越來越多。如果條款僅限制醫院，反而變相縮減保險公司的理賠責任，這對被保險人來說是不公平的。所以被保險人在「診所」動門診手術，保險公司也應該依照條款理賠才對。

總結來說，只要條款有給付「門診手術」，就應該以「是否施行必要性手術」為判斷標準。至於醫院或診所，真的不是重點。

19 | 健保 227 手術和 226 處置的差別

　　小明在醫院動了「大腸鏡息肉切除術」，沒想到申請理賠的時候，保險公司居然說這是「處置」，不是「手術」，所以不賠？兩者的差別是什麼？這篇保證讓你秒懂手術跟處置的差別。

手術理賠爭議最多

　　根據金融評議中心的統計，目前理賠案件最多的爭議項目就是「手術認定」。為什麼「手術認定」的爭議這麼多？就像開頭提到的，小明動了「大腸鏡息肉切除術」，從一般被保險人的觀點來看，那應該是手術沒錯，為什麼保險公司卻不賠呢？簡單來說，這是因為「手術」並沒有統一的規定，我們都知道動手術會賠，但重點在於「什麼是手術」？

　　首先，很多保險公司的手術條款都不一樣，由於頒行的示範條款也沒有明確定義什麼叫做「手術」，所以有許多保險公司各自約定手術條款的內容。據我所知，單是醫療手術條款，至少就有超過五種以上的不同版本。這篇主要針對最常碰到的「健保 227 手術」跟「226 處置」的差異。

　　在談健保章節的 227 手術之前，讀者要先瞭解，這裡的「健保」指的是什麼。大多手術條款提到的健保，就是指「全民健康保險醫療費用支付標準」（簡稱支付標準）。目前健保的支付標準總共有「九部」，包括：總則、西醫、牙醫、中醫、居家照護、論病例計酬、Tw-DRGs、品質支付服務、護理人員投入為主之診療項目表。那什麼是健保 227 手術？先看下面這張圖片：

全民健康保險醫療費用支付標準

目錄	
第一部　總則	
第二部　西醫	
第一章　基本診療	
第二章　特定診療	
第一節　檢查	
第二節　放射線診療	
第三節　注射	
第四節　復健治療	
第五節　精神醫療治療費	
第六節　治療處置	
第七節　手術	
第八節　輸血及骨髓移植	
第九節　石膏繃帶	
第十節　麻醉費	
第三部　牙醫	

健保支付標準

第二部（西醫）
第二章（特定診療）
第七節（手術）

在這個範圍就是
2-2-7 手術

　　健保 227 指的就是支付標準中的第二部「西醫」、第二章「特定診療」、第七節「手術」，這就是傳說中的「227 手術」。支付標準編號在 62001 ～ 88054 這個區間的，都屬於 227 手術。只要你的手術項目（62001 ～ 88054），是落在 227 裡頭的，就是健保的 227 手術。對健保 227 有限制的條款，以下舉例有 227 限制的條款：

> 　　本附約名詞定義如下：「手術」係指符合保險事故當時將央衛生主管機關公布適用全民健康保險醫療費用支付標準第二部第二章第七節所列舉之手術，不包括該支付表標準其他部、章或節所列舉者。

這就是標準的「227 限制條款」，意即只理賠 227 的手術。如果你的手術條款有限制 227，動的卻是其他部章節的手術，雖然有動手術，但由於不是 227 手術，所以不賠。

227 之上，則是「226 處置」，治療處置的編號為 47001 ～ 61020。像開頭提到的「大腸鏡息肉切除術」（49014），雖然一般人會認為是手術的一種，但它其實屬於 226 處置項目（47001 ～ 61020）。如果你的條款有限制 227 才賠，那麼保險公司拒賠是合理的，畢竟條款白紙黑字寫了，我們只賠 227，你是 226，當然就無法理賠囉。

有限制 227 手術，226 的處置就無法理賠

如果你的條款，是已經限制非 227 不賠的條款，那面臨 226 的處置，甚至是其他章節的手術（例如光子刀、電腦刀或是牙科手術），就得接受無法理賠的風險囉。

其實，手術沒有定義不一定是壞事，因為在沒有定義的前提下，很多項目都有可能是手術（不過因此爭議也多，所以「手術認定」才變成理賠爭議排行榜第一名）。所以，投保時千萬要留意「手術」定義。如果在沒有定義「手術」是什麼範圍的前提下，健保 227 是手術，226 的處置也可能是手術，其他章節的項目，也有可能被列為手術，不會被 227 這個手術章節侷限。實務理賠還是得視個案做「手術認定」，不是沒有 227 限制就一定可以理賠喔！這點要分清楚。

有無 227 手術限制差異

	有 227 限制	示範條款
冠狀動脈繞道手術（227 手術）	理賠	理賠
大腸鏡息肉切除術（226 處置）	不理賠	視情況做認定

相關問題討論

Q：如何知道自己的手術條款為何？

　　請拿出保單，查看「手術項目」條款。如果你的保單條款沒有提到「健保第二部第二章第七節」這類文字，這種條款就不會受到 227 的限制。就我的瞭解，目前市面上的保單限制 227 才賠的手術條款算是少數，大多數仍然跟示範條款一樣沒有定義。

Q：我要怎麼知道動的手術是 227 還是 226 ？

　　請搜尋「醫療服務給付項目及支付標準網路查詢服務」，輸入你的手術名稱（中英文皆可），就可以查詢項目編號囉。227 手術項目編號：62001 ～ 88054；226 治療處置編號：47001 ～ 61020。自行對照就會知道是 227 手術還是 226 處置。

Q：我的手術條款有約定 227 才賠怎麼辦？

　　保險是契約，契約看條款。既然條款約定 227 才賠，日後出現其他章節，例如 226 處置或其他項目，當然就不在理賠範圍囉。所以我一再提醒讀者，投保時請必留意保單條款，以免發生事故時產生不必要的爭議。

Q：我的手術條款有 227，我想保沒有限制的醫療險可以嗎？

你想投保什麼保險都沒有問題，注意看清楚條款就好。但如果你身體先前已經有健康問題或疾病，我還是不建議輕易解約或更動原本的保單。畢竟如果輕易解約，到時候投保期間的空窗期發生事故，或是新投保的保險公司不願意承保，那可就糟糕了。

Q：手術沒定義，但保險公司卻說不是 227，所以不賠怎麼辦？

如果條款沒有對「手術」下定義，保險公司擅自將手術範圍限縮在 227 是不太合理的做法。如果遇到類似的爭議，建議先確認條款的範圍，再對照手術的項目，就會知道到底該不該賠了。

Q：我看完這篇還是不懂啊。

看一次不懂，你要看第二次啊。

「手術認定」不愧是蟬聯第一名爭議案件的霸主，因為沒有統一標準，造成許多人不曉得該如何認定理賠（就算是理賠人員也不一定完全清楚）。希望這篇文章能幫助你釐清健保 227 手術跟健保 226 處置的差異。此外，本篇內容僅供參考，實際理賠請依照個案條款及手術項目為主，本文不代表理賠認定標準。支付標準編號或章節可能有改變，請依照健保最新資料為主。

20 | 你的手術不是保險公司的手術？

　　小明因為手汗的問題困擾許久，最後在醫師的建議下進行「胸交感神經切除術」，沒想到保險公司卻說「你的手術，不是保單的手術」？這篇就要來談談，實務上手術理賠會遇到的其中一種爭議。

　　首先，談談什麼是「胸交感神經切除術」？根據維基百科的說明，此手術大部分適用於有「流汗」困擾的人，進行手術後就可以抑制流汗。本篇案例的被保險人也是如此，手汗的困擾已經嚴重侵害到日常生活，因此在醫師的建議下，進行了「胸交感神經切除術」。我對照條款，發現依照手術表，「胸交感神經切除」應該理賠等級七（倍數四十倍）。

　　該被保險人投保的額度為五百元，所以依照條款，保險公司應該理賠 500×40 倍 = 2 萬元。但是，保險公司卻說「手術方式為燒灼」，所以只理賠十倍（500×10 倍 = 5 千元）。保險公司的說法，我無法接受，原因在於條款並沒有「限制手術方式」。客戶的條款原文如下：

> **第十三條 手術醫療保險金**
>
> 　　被保險人於本契約有效期間因疾病或傷害，經醫師診斷於住院期間或門診時必須接受手術治療且已施行手術者，本公司按保險單上所記載之「住院醫療保險金日額」，乘以該手術項目的「手術等級」所相對應的「手術保險金倍數」（如附表一）後計得之金額，給付手術醫療保險金。

　　條款寫明「接受手術治療且已施行手術」，就得依照「手術等級對照倍數」理賠。理賠的條件應該只有兩點：一、這個手術，有在手術項目表上；二、有確實動這個手術。既然手術表裡有「胸交感神經切除手術」，而被保險人也確實動了「胸交感神經切除手術」，到底還有什麼理由可以少賠？

　　當然有，保險公司的理賠人員回覆：我們這張保單寫的「胸交感神經切除術」是比較嚴重的大手術。你用「燒灼」的方式，是比較小的手術，所以我們改賠等級比較低的。保險公司的理賠人員還說：「很多人也都是跟你一樣的情況，我們也都是這樣理賠的喔。」我實在是聽不下去了，因為做比較先進的手術，所以不賠了？最後決定向保險公司爭取。首先針對保險公司的說法，我有三點想說明：

　　1. 條款並沒有約定「手術方式」。保險是契約，契約講求的就是條款的文字。既然條款沒有限制手術的「方式」，保險公司怎麼可以拿手術方式來當成理賠的標準？

　　2. 依照條款，只有手術沒有在項目中，才可以協議理賠。條款寫的是：未載明於「手術項目給付表」所列之手術項目時」才可以協議比照表內的理賠金額。

　　但「胸交感神經切除術」明確載於「手術項目表」內，既然在表內，保險公司就得用手術項目表的手術等級倍數去理賠才對。保險公司理賠的內容也很奇怪，雖然倍數是賠十倍，但卻是用「兩個等級三」的理賠計算。正常的手術項目理賠應該是先確認是否為保單的手術範圍？是，就按表理賠；不是，再看下一題。其次，條款是否有針對不在保單項目的手術做其他約定？有，就按其他約定理賠；沒有的話，關於手術項目不在保單條款，該如何理

賠這點，將於日後說明。所以這個案子，既然「胸交感神經切除術」已經在手術項目中，就沒有需要協議或是看其他條款的約定，應該直接理賠。

理賠給付明細

親愛的　　　　君　您好，本公司已審理您因１０８年０３月０８日事故所提出的理賠申請，並依下列明細及受益比例於１０８年０３月２０日給付：

保險名稱	給付項目	保額	日數／等級	實支金額
保單號碼：791XXXX978				
醫療帳戶終身	手術保險金	500元	3級	2,500元
	手術保險金		3級	2,500元
受益比例：100%		實支金額小計：		5,000元

合計給付金額：新台幣伍仟元整

---

　　3. 醫學技術日新月異，要求被保險人去做更沒效率、傷口更難復原的手術是不合理的。別的先不說，如果被保險人為了申請保險而去選擇做更糟糕的古老手術，豈不是非常違反人性嗎？我們買醫療險，是為了得到好的照顧，不是反過來為了得到理賠而選擇過時的治療。對此，主管機關金管會也曾發出聲明（＊發文字號：金管保壽第 10704543440），要保險公司注意這點，其中提到「對於有『高度替代性』的手術治療，應該視個案去判斷理賠」，所以即使保險公司原本認為的「胸交感神經切除術」應該是「動刀的大手術」，也應該考量到現在醫學進步，有更省時省力省痛苦的「小手術」治療方式出現替代。所以結合以上觀點，我替客戶總結如下：

　　1. 條款只有約定「手術項目」，並沒有約定「手術方式」。

2. 依照條款，只有手術沒有在項目中，才可以協議理賠。

3. 醫學技術日新月異，怎麼可能要求被保險人去做更沒效率，傷口更難復原的手術。

　　我以這三點，代替客戶向保險公司提出爭取，要求依照條款中的等級七（四十倍）理賠。經過我提出上述論點溝通後，保險公司最終以手術等級七認定（500×40 ＝ 2 萬元），保險金順利理賠下來。

保險名稱	給付項目	保額	日數／等級	實支金額
保單號碼：				
醫療	手術保險金	500元		15,000元
受益比例：100%		實支金額小計：		15,000元

注意事項：提醒您，本次理賠申請尚有以下重要資訊，請您務必參閱：

1、根據本次補全資料，改依7級手術核定手術醫療保險金共20000元，並扣回原核定3級手術金額5000元後，給付相關手術等級差額。

　　關於手術險的理賠說難不難，但有許多需要留意的細節，本書舉了很多維護自身權利的例子，其中很多可能連保險業務員都不清楚。寫這篇的原因，主要是聽到保險公司理賠人員那句：「很多人也都是跟你一樣的情況，我們也都是這樣理賠的喔。」天曉得有多少人被保險公司這套說法給唬了而主動放棄自己的權利。希望這篇能對於遇到類似爭議的讀者，都能有一些參考和啟發。

一心文化　skill 006

淺談保險觀念：
最敢說真話的保險專家，告訴你條約背後的真相

作　　者　林政華
總 編 輯　蘇芳毓
編輯協力　楊惠琪
排　　版　polly530411@gmail.com
美術設計　chunyangko
出　　版　一心文化有限公司
地　　址　11068 台北市信義區永吉路 302 號 4 樓
電　　話　02-27657131
郵　　件　fangyu@soloheart.com.tw

總 經 銷　大和書報圖書股份有限公司
電　　話　02-89902588
初版一刷　2020 年 7 月
初版八刷　2024 年 4 月
定　　價　399 元
印　　刷　呈靖彩藝股份有限公司

國家圖書館出版品預行編目（CIP）

淺談保險觀念:最敢說真話的保險專家,告訴你條約背後的真相 / 林政華著 . -- 初版 . --
台北市 : 一心文化出版 : 大和發行 , 2020.07
　　面；　公分 . -- (一心文化)

ISBN 978-986-98338-2-0(平裝)

1. 保險商品 2. 保險法規 3. 保險規
563.7　　　109007800